BUSHCRAF,

ブッシュクラフト
読本

BEGINNER'S BIBLE

アウトドアプロデューサー
長谷部雅一 著

メイツ出版

BUSH CR

ブッシュクラフトは
シンプルに**自然**と**自分**と
対峙する遊びだ

AFT

はじめに

　最近よく耳にするようになってきた「ブッシュクラフト」という言葉。僕は自然の中でプリミティブな過ごし方をするためのスキルだと理解している。つまり、ブッシュクラフトは、もっともシンプルな方法で自然の中に身をおいて自然や自分と対峙する楽しみ方だと思う。

　人間が抗うことができない自然の力にコテンパンにされたり、失敗を重ねることで編み出した自分の技は、時に教本よりも自然と一番いい折り合いをつける方法だったりする。相手が変幻自在で一瞬たりとも同じ状況がない自然だけに、これほどスリリングで面白い遊びはないだろう。

　さてそんなブッシュクラフトだが、言葉は英語だけどその発祥は1カ国に限られることではない。僕が数十年間かけて少しずつ学んできた技術は、熊撃ち猟師をしている師匠や、アイヌの文化、過去に世界一周の旅で出会った人や文化、技術、山登りやクライミングなどの技術、そしてそれらを自分なりに咀嚼した結果のものだ。つまり世界中でその土地の自然にあったさまざまな方法やジャンルによって同じゴールでも多岐にわたるアプローチ方法があり、常に進化し続けているものでもある。

　ブッシュクラフトにこれが絶対正解！というものはない。常に自然環境に合わせてベストな方法は変わってくる。本書はブッシュクラフトの入り口をわかりやすく、かつ実践しやすいように紹介させてもらいました。当然もっともっと凄い技術や知識はたくさんあります。

　オートキャンプに一部取り入れたり、バイクパッキングの追加遊びとして、そして究極の野営を目指す入り口としてこの本を活用してもらい、最終的に自分なりの技を生み出してくれたら嬉しいです。

　次のページを開けば、ワクワクするほど楽しい世界が始まります。では、まずは本書で。そしてフィールドで楽しんでください。

長谷部雅一

Contents

CUT!

Step 2 焚き火の準備 12:00-14:00 051

COLUMN 3

Step 3 クラフト 14:00-17:00 079

COLUMN 4
ナイフで"ゼロ"から創造する楽しさ ———— 108

Step 4 焚き火と料理 17:00-19:00 109

HUNGRY...

COLUMN 5
闇に飲み込まれた話 ———————— 126

Step 5 野営と撤収 19:00- 127

CRAFT!

※本書は2019年発行の『ブッシュクラフト読本　自然を愉しむ基本スキルとノウハウ』を元に、新たに動画コンテンツの追加と装丁の変更、必要な情報の確認・更新を行い、「改訂版」として新たに発行したものです。

Prologue

事前準備 BEFOER CAMP

ブッシュクラフトキャンプは、

何でも車に詰め込めるオートキャンプと違って、

計画を立てて装備を整える、事前の準備が重要だ。

特にキャンプでの目的に応じて、

それに必要な装備を最低限にまで絞り込む必要がある。

ワクワクする
作戦会議の時間

　ブッシュクラフトにおいて、準備は作戦会議のようなもの。これから起きる自然の出来事や環境などを考慮しながら自分がもっとも快適に、そして楽しい時間を過ごせる方法論を見つけ出すのだ。

　目的、時期、場所、そして持ち物までを決めたら、あとはフィールドに行くだけ。この作戦会議の時間は僕がもっとも好きな時間のひとつだ。皆さんも次項から始まる内容を元に、悩みに悩み、そしてワクワクする気持ちを味わってみてほしい。

野営場所の選び方

野営場所を選ぶ際は、地面の質に気をつけよう。

タープ（野営＋テント）を張る場合

心地よいフィールドを存分に活かして設営しよう！

自由なデザインをするために、なるべく広い場所を確保したい。

タープ＋野営スタイルはもっともプリミティブな野営方法で、タープ下がリビング、ダイニング、寝室、玄関など、言うならば1ルームの部屋のようなものだ。タープ＋テントスタイルは、リビング・ダイニングにあたるタープと完全個室の寝室があるので快適な暮らしができる。どちらにも言えることは、快適な野営場所を選ぶときは慎重になる必要がある。

条件

❶ なるべく平らな場所

❷ 広い居住スペース

❸ 雨天時に池や小川にならない

❹ 設営用にほどよい木立がある

メリット

広いスペースで過ごせる

「テントの入口は見たい景色のほうに向けたい」「タープは焚き火を想定して風下を向いて座れるようにしたい」「焚き火は広めに」など、思い通りの快適さと使い勝手のサイトデザインがしやすい。

設営後の状態 ➡ P34へ

MEMO

ほどよい木が一本以下の場合

すべてのフィールドで最適な樹間の木が2本生えているわけではない。片方は立ち木を使い、もう片方はポールや落ちている木を使って設営するなど工夫しよう。ポールの高さと木にかけるロープの高さを合わせるのがコツだ。

ハンモックテントの場合

丈夫で自分のハンモックテントに
合った樹間はマスト！

ハンモックテント設営に関しては
地形を選ばない。

ハンモックテントは空中に浮かんだ秘密基地のようで、最近人気があるスタイル。斜面でも、地面がぬかるんでいても、木立さえあればそんなことは気にせずに寝床をつくることができるのが特徴だ。これに大きめのタープを組み合わせるとより快適だが、今回はハンモックテントのみで過ごす場合に特化した設営のポイントを紹介する。

条件
ほどよい樹間の木立が2本ある
ハンモックテントの良さを活用するには立木が2本あった方がいい。フィールド選定のは慎重に。

メリット
地面の状態にとらわれない
木々が多く生えている場所は傾斜地であることが多いが、ハンモックテントであれば問題なし。雨の日でぬかるんでいようが影響を受けることなく設営が可能だ。

設営後の状態 ➡ P46へ

TRICK

樹間の距離を素早く確認
素早く樹間を計るには、あらかじめベストな樹間の距離のロープを用意しておくといい。ロープの両端を輪にして木の枝を地面に刺せばひとりでも計ることができる。また、樹間の最長距離をロープの長さ＋1mなど設定しておけば目測ですぐに場所を決められる。

ロープにも向き不向きがある

その素材や太さなど、ロープの性質を見極めて使い分けよう。

輪っかにしたロープがあれば、簡易の薪キャリアーに早変わり。

　ブッシュクラフトの世界では、フィールドに持ち込む道具の量を削ぎ落とし、その分自然素材を活用してさまざまなものをつくろうと思うほどロープを多用するシーンが増えてくる。最もプリミティブな方法は、自然のつるを素材にして加工をし、ロープのように自由自在に活用する方法がある。しかしなかなかそうはいかないので、事前にそろえて持参するのがベストな方法だ。

　ロープといってもスズランテープから麻紐、クライミングロープなど世の中には実にさまざまなものが存在する。その中でどれが目的に合っているのかを探し、そして使いこなすのが悩ましくも楽しい。

　ロープの使い分けをするには、まずはロープの特性を理解しておくことが重要だ。ロープには「熱に強いけど軽くて細くて耐加重がある」「熱に強く価格も安いが重さがある」など得意不得意があるため、素材や性質、太さ、価格のバランスなどをしっかりと考慮して使用していかなければならないのだ。

　僕がフィールドで多用するロープを紹介するので、自分だけのロープセットを組むための参考にしてみてほしい。

ハセベおすすめのロープ4選

パラコード

タープのメイン
ロープに最適

正式名称はパラシュートコード、昔パラシュート
用のラインとして使われていたナイロン製ロープ。
耐荷重は約250kgあり直径は4mm。ロープ自体が
柔らかいため結ぶ、編むなどアイデア次第でさま
ざまな活用方法があるのが特徴。タープ設営のメ
インロープなどに使うことが多い。

直径2mmのロープ

丈夫で小回りが
きくのがいい！

直径2mmのナイロンロープ。基本はどんな物でも
かまわないが、僕は丈夫なダイニーマ繊維を芯に
して視認性がある反射素材を使った外皮のものを
愛用している。雨に濡れても伸びにくいのも特徴
のひとつなので、パラコードよりも細かい作業で
かつ丈夫さを求める場所に使うことが多い。

綿ロープ

コストパフォー
マンスがいい！

100％綿で出来たロープで、僕は普通に撚った撚り紐
よりも圧倒的にほつれにくい「金剛打」という編み方
の物を愛用している。ナイロン製と比べて熱に強く太
さもあり、パラコードと比べて入手が楽でかつ価格も
安い。トライポットなど熱でロープを痛めそうな環境
のときに愛用している。

麻紐

惜しげもなく
使いこなそう！

もっとも安く、土に帰る素材である麻でできた直
径2mm程度のロープ。強度は低いものの、クラフ
トやちょっと縛っておきたいときなどにガンガン
好きな長さに切って使えるのがこのロープを使う
最大のメリット。また、繊維をほぐせば火種にも
使えるのでいつも長めに持っていくことが多い。

╱ TRICK ╲

麻紐は結び以外でも大活躍

麻紐は、繊維をほぐ
せば火付けのための
火種になる。活用の
幅が広いものを選択
するのも、シャープ
なロープ選択方法だ。

Step 1

10:00-12:00

3つの要素とロープの扱い方

ロープを扱うにあたって、知っておくべき原理原則を理解しておこう。

　ロープはただ持っていても知識がないとなんの役にも立たない。逆に言えば、ロープのことを理解すると、シチュエーションごとに最適でシンプルな結びを展開していくことができる。

　そしてロープワークの知識があってはじめてどのシチュエーションにどのロープを使っていくかという、ロープの特性を活かした選択をすることができるのだ。

　また、ロープは作業前に「どう束ねておくか」も重要だ。ロープは特徴に合わせて束ね方を変えると、使うときに絡みにくかったり運びやすかったりする。巻き方は一見面倒だが、慣れれば手早く出来るうえに絡んだロープを解くのにかかる手間とあのイライラした無駄な時間を大幅に削減できる。

ここに摩擦が
起きている

結びは全て摩擦で成り立っている

ロープワークは、無駄な結びを増やさないことでロープの強度を極力維持し、そして解けず、それでいて解きやすい結びが出来るかが肝になる。そのために、どこにどのように摩擦をかけるかによってさまざまな結びが生み出されているのだ。

引かれる方向も大切

解けず、解きやすい結びを目指すには、やっている結びがどの方向に引くと解けにくく、どの方向に引くと解けやすいのかを理解しておくことも大切。これを間違えると逆にすぐに解けてしまったりと面倒なことが起きる。

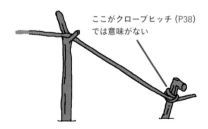

ここがクローブヒッチ（P38）
では意味がない

用途を間違えたら意味がない

結びは用途を間違えるとまったく役に立たないどころか、時には命に関わる場合もある。たとえばクローブヒッチは引けば引くほどきつくなる性質があるが、結びを調整して張り具合を変える必要があるペグダウンには向かないのだ。

すぐに展開するためのロープの束ね方

パラコード

パラコードは10〜30m単位と長く使うことが多いので、使用時に一番絡みやすい。それを回避するには8の字に束ねておくといい。

1 末端を親指と人差し指で挟み、手のひらと肘を起点に8の字に巻いていく。巻くときの力加減は常に一定を保つようにする。

2 反対の末端を80cm程度残し、ロープの束上部に巻きつける。最期に末端の途中を通し、輪を頭部分にかけて末端を引く。

綿ロープ/直径2mmのロープ

綿ロープや直径2mmのロープは、用途的に2〜5m程度と基本の長さも短いため、扱いにはそう困らない。簡単に束ねておけばOKだ。

細いロープは小さくまとめておくといい。

1 末端を親指と人差し指で挟み、手のひらにロープを巻いていく。引き具合を一定にしないと後で絡みやすいので注意。

2 反対の末端を30cm程度残したら、**1**の中心当たりにきつめに巻きつける。末端はすぐに解ける結びをすればOK。

麻紐

大量に持っていき、シーンに合わせてどんどん切ったりとフットワークを求められるのが麻紐。何かに巻きつけておくと使いやすい。

8cm程度に切った木の中心を糸巻きのように細く削ったものに巻きつけると使いやすい。そのときに、頭の部分に切り込みを入れると末端止めになる。

ロープワーク使いどころ一覧

多種多様にあるロープワーク。まずは最低限の7種のロープワーク
を極めよう。

ダブルフィッシャーマンズノット(➡P42)

クレイムハイスト(➡P43)

ダブルフィギュアエイトノット(➡P44)

クローブヒッチ(➡P38)

トートラインヒッチ(➡P39)

ガースヒッチ（➡P45）

ガルダーヒッチ（➡P48）

世の中にロープワークは山のようにある。全てを体得するにこしたことは
ないが、なかなかそうはいっていられない。まずは3種類の野営方法をベー
スに、汎用性があり役立つ7種類のロープワークを紹介するので、これだ
けははじめに覚えておくといいだろう。

タープ＆テント
スタイルの設営

最も快適で安心できる野営方法。ロープワークもシンプルに。

クローブヒッチ（➡P38）

テントが
あるので
寝床は安心

ポールの加工（➡P36）

このスタイルはブッシュクラフトを始めるのに最も快適で安心できる野営方法だ。ビギナー向けのスタイルだけに、ロープワークもシンプルなものにしてみた。

タープは
スペース優先で
設営

トートラインヒッチ（➡P39）

はさみ縛り（➡P101）

レイアウトが
快適さを
決める！

ポールの加工（枝分かれアリ）

1

ポールになりそうな木を探す

枝分かれがあり、枝分かれから下がポールとして欲しい長さ＋15cm程度取れる長さの木を探す。このとき、丈夫でよくしなる木を探すといい。

ポールに向いた木を見分ける

風などの荷重でポールが折れたら面倒だ。丈夫でよくしなる木を探すときは、実際に木をよくしならせてみると完璧な木を見つけることができる。

2

Y字の頭部分を切る

Y字の上部分を8〜10cm程度残してのこぎりで切る。この枝分かれがあることで、タープの張り綱を結ばずに引っかけるだけで設営ができる。

3

ポールの下部を加工する

ポールの下部は、軽く地面に刺せるようにすると設営時に楽だ。ナタで鉛筆の先のような円錐形になるように削っていく。

同じ作業でペグもつくれる！

Y字の上部を5cm程度と、15〜20cmの長さに切り、Y字の下部を切れば同様の加工でペグがつくれる。Y字がない場合はくびれを削ってつくればいい。

ポールの加工（枝分かれナシ）

1

ポールに必要な長さに素材を切る

ポールとして欲しい長さ＋20cm程度の長さの木を探す。ポールの下部は、軽く地面に刺せるようにナタで鉛筆の先のような円錐形に削る。

2

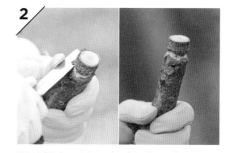

張り綱をかけるくびれをつくる

素材の上部から3cm程度のところにノコギリで1周切り込みを入れ、その切り込みをガイドにポール下部から上部の方向にナイフで削る。

FINISH

枝分かれ
ナシ

枝分かれ
アリ

タープのポールやペグは、持参すれば製作作業がなくなるので設営が楽になる。そのかわりその分の装備（および重量）と手入れの手間が増えてしまう。もしもこの技術があれば、森の素材から設営に必要なパーツをつくる面白さと装備の軽さを手に入れることができる。どちらもメリット、デメリットがあるので、好きなほうを選択しよう。

クローブヒッチ／巻き結び

動画でチェック!

ロープの摩擦を利用したシンプルな結び。正しい方向に引けば引くほど締まっていくのに解くのは楽なのが特徴だが、対象物とロープが滑るものだと効かない場合がある。

①

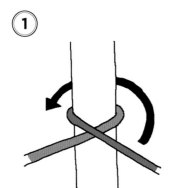

ロープの末端側を対象物にひと巻きする。このとき、ロープの長いほうが下になるようにロープをクロスさせる。「×」になっていればOK。

②

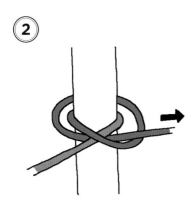

ロープの短いほうを、クロスしている部分の中心に通す。通し方は、「×」の中心をつまむように持って一番下側から通すと通しやすい。

③

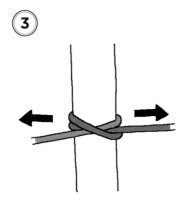

形を整えて、ロープの両端をしっかり引いたら完成。ロープの末端は最低15cm程度残しておくと、すぐに解けるようなことが少なくなる。

トートラインヒッチ／自在結び

ロープの張り具合を後から調整できる結びで、市販の自在金具の代わりになる。テントやタープの張り綱や、タープを張る際のメインロープの設置などにも活用できる。但し、ロープが滑る素材だと効きが甘い場合がある。

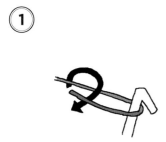

① ロープの末端を80cm程度残しながら、対象物の後ろにまわす。末端側を引きながら長いほうのロープの下から回してできた輪の中を通す。

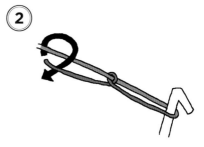

② ①と同様に、末端側を引きながら長いほうのロープの下側をまわしながらできた輪の中を通す。①②ともに対象から30cm以上離す。

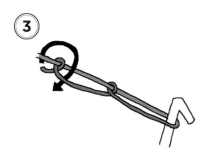

③ ②で通した末端の紐を、同様に長いほうのロープの下を通す。その後、②でつくった輪の中を上から通す。

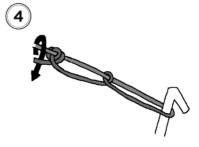

④ 末端をしっかりと引きながら③と同様に長いほうのロープの下から巻き、今度はできた輪の中を上から通してしっかりと引く。

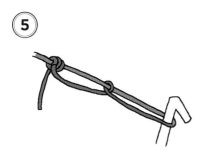

⑤ できた結びの感覚などを調整したら完成。末端の紐が長い場合は束ねておく。末端の結びはすぐに解けるような工夫をしてもいい。

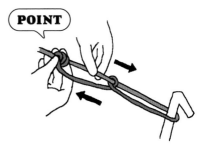

POINT ロープの張り具合を調整する場合は、長いほうのロープを対象物側（ピンと晴れる方向）に引き、たるんだ分結びを引いていく。

タープ野営スタイルの設営

タープを張るだけのシンプル設営。設営時間を最も短縮できる。

最も自然と共に過ごせるプリミティブなスタイルがこれ。それだけに工夫をすれば色々な広がりを見せてくれるロープワークを選んでみた。

ダブルフィギュアエイトノット（➡P43）

焚き火が近ければ
寝るときも暖かい

ファイヤーリフレクター （➡P72）

動画でチェック!

ガースヒッチ(➡P45)

ダブルフィッシャーマンズノット(➡P42)

クレイムハイスト(➡P44)

タープを張れる
樹間の下が
平地であれば OK

レイアウトが
快適さを
決める!

ダブルフィッシャーマンズノット

ロープとロープを繋ぐときや、輪をつくりたいときに有効な結び方。登山などでも使われる、簡単ながらも使用範囲が広いのが特徴。但し、この結びは「ロープが滑らない素材」と「繋ぐロープの太さが同じ」が大前提になる。

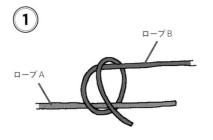

① ロープAの末端を一緒に巻き込むようにロープBの末端をロープBの長いほうに向かって一周巻く。このとき、巻いたロープがクロスするようにする。

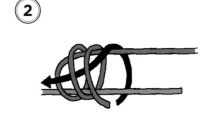

② ロープBの末端をロープBの長いほうに向かい、もう一周巻きつける。①から数えて2周巻いたら、ロープBの末端をつくった輪の中に通して引く。

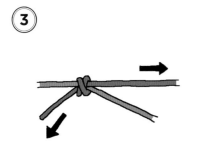

③ ②まで行ってしっかりと引いた結び目は、イラストのようになる。失敗しないコツは、結びたいロープの長いほうに向かい2周巻くこと。

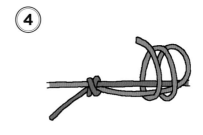

④ ロープAの末端も同様に、ロープBを巻き込むようにロープAの長いほうに向かって2周巻く。巻き込んでいく方向を間違えないように注意。

⑤ ④で2周巻いてつくった輪の中を、ロープBの長いほうに出るようにロープAの末端を通す。通したらしっかりと引き、結び目を整える。

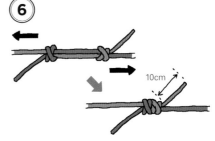

⑥ 最期に、ふたつの結び目同士を引き合わせるように、ロープA、Bの長いほうをしっかりと引く。ロープの末端は10cm以上残すと解けにくい。

4 ダブルフィギュアエイトノット／2重8の字結び

この結びは、解けにくい輪を素早くつくるのに最適な方法で、一見用途不明だが実は使用の幅がとても広い。横にロープを張る際や、何かを上から吊したいときなど、慣れれば簡単な結びなので是非活用してみてほしい。

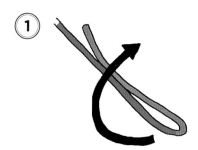

① ロープの末端をふたつに折る。ロープの太さなどにもよるが、おおよそ50cm程度のところで折ればうまく結びやすい。

② ふたつに折ったロープを、輪をつくるように交差させる。このとき、ロープの長い側が下で短い側が上にくるように交差させるのがポイント。

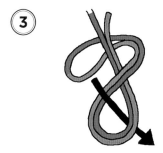

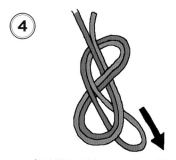

③ ロープの末端をさらに①の上側に輪をつくるようにロープの長い側にクロスさせる。このとき、ロープの長い側の下に短い側の末端を通す。

④ ロープの末端を、はじめにつくった輪の上から下へ通るようにロープを通す。①から④までの作業は、まさに8を書くような動きになる。

15cm

⑤ ④で通した末端をしっかりと引いて結び目をきつく締めたら完成。このとき、半分に折った際のロープの末端は15cm以上残るようにする。

クレイムハイスト

登山技術としても知っておきたい結びで、設定した方向に引いたときはロックがかかり動かないのに、逆方向に引くと動く（調整できる）という特徴がある。摩擦がきくロープにこの結びを行ったときに最大限の力を発揮する。

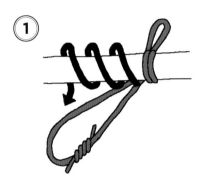

① 輪になったロープを対象物に巻きつける。巻いていく方向は、引いたときにロックさせたい方向にする。巻く際はしっかりと「キツく」巻いていく。

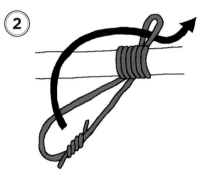

② 巻いているロープ同士が重ならないように気をつけながらある程度巻いたら、巻いていたほうの輪の先端を巻き始めの輪の中に通す。

③ ロープを巻く回数は、対象物とロープの太さの差や滑り具合などロープの相性によって変わるので注意。完成後、滑るようなら巻き数を増やそう。

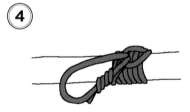

④ この結びをする際の輪にしたロープの結び目は、巻き途中や輪の先端にこないように調整するのがポイント。位置が悪かったら調整しなおそう。

TIPS

クレイムハイストの効かせ方

クレイムハイストの位置を変える場合は、輪を引かない状態で巻きつかせたロープを持って上下に動かしていく。

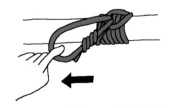

クレイムハイストを効かせるときは、巻きつけたロープをしっかりと締め直してロープの末端をロックが効く方向（巻きつけたロープの輪の末端側）に引く。

ガースヒッチ

簡単なのに確実なため、クライミングなどにも多用される結び。但し、結びにねじれが生じていたり、変な方向に強く引かれてしまったりすると、ロープ自体が切れてしまう場合があるので使用の際は注意が必要になる。

①

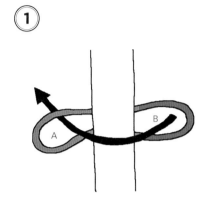

輪になったロープやテープス（あらかじめ輪になったテープ状のもの）を対象物の後ろにまわす。このとき、回したロープがねじれたりしないように。

②

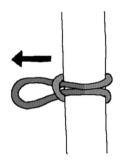

対象物の後ろに回した輪の末端Aの輪の中に、末端Bを通したら完成。引かれる方向は、引く輪の両サイドが同じ角度になるようにすること。

POINT

気をつけよう！

テープスでガースヒッチをする場合は、テープスのねじれに注意すること。ねじれ具合や弾き方によってちぎれてしまう場合がある。

TIPS

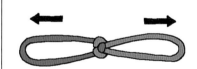

輪と輪を繋げたいときも、ガースヒッチで行うと強度が比較的高い繋ぎ方になる。これを活用すれば太い木に輪をまわすことだってできる。

ハンモックテント スタイルの設営

地面の状態にとらわれない、自由度の高い野営スタイルだ。

何者にも縛られない自由な気分を味わえるハンモックスタイル。スピーディーに設営できる点でタープ野営スタイルに近いものがある。そのため、ロープワークもスピーディーに行えるものを選んだ。

テープスの固定（➡P45）

ガルダーヒッチ（➡P48）

ハンモックテントを
張るので、
丈夫な木を選ぶ

ガルダーヒッチ

同形のカラビナ2つを使用した、張り具合の調整としっかりとロックをかけられる結び。カラビナにはかなりの負荷がかかるためクライミング用の物を使うこと。また、ある程度の太さのロープでないとロックがかかりにくい。

①

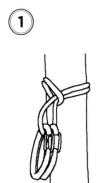

テープスでガースヒッチなど（支点構築）をして、輪の先に同じ形のカラビナをゲート（開閉部）が同じ方向を向くように2枚かける。

②

支点構築をして、カラビナを2つかけたら実際に強く引いてみて対象の木などが折れないか？つくった支点が弱くないかを確認する。

③

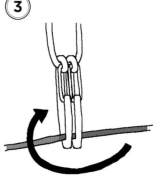

後で引く側のロープを右、張られる（引かれる）側を左にして、カラビナを2つかける。※引く側、引かれる側を間違えないように注意。

④

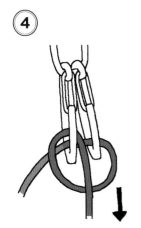

②でかけたロープの引く側をカラビナ2つの外側にまわし、さらに左側のカラビナに左から右に巻くようにかけたら完成。

TIPS

ガルダーヒッチの使い方

2枚のカラビナに強く挟まれて、かつロープの摩擦が効いていれば引かれる側のロープを引いても動かなくなるので確認をする。

ロープを張りたい（または対象物を引き上げたい）ときは、2つのカラビナの間から出ている引く側のロープを引く。

ロープワークを組み合わせよう

ロープワークは、単体での使用以外に組み合わせることでさまざまなことができるようになる。ぜひ自分で最高の組み合わせを探してみてほしい。ここでは、一例としてガースヒッチとクレイムハイストの組み合わせを紹介しよう。

ガースヒッチとクレイムハイストでタープを張る

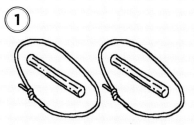

直径5〜8mm、長さ4〜5cmの木の枝と、直径1.5mm程度で約25cmの長さの細引きを輪にしたものを2セット用意する。

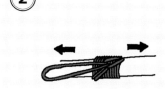

予め張ったタープをかける用の横紐に、クレイムハイストをする。クレイムハイストは、タープ本体側に引いたときにロックがかかるようにする。

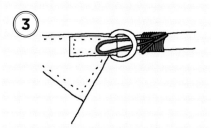

タープのセンターリングまたはテープにクレイムハイストの引く側のロープを通す。引く側のロープは長めに設定するとこの後の作業が楽になる。

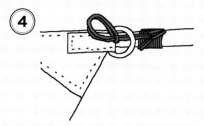

通したロープをガースヒッチの形に整える。このとき、輪の下側から親指と人差し指を出し、輪を挟むように指を返すと簡単にできる。

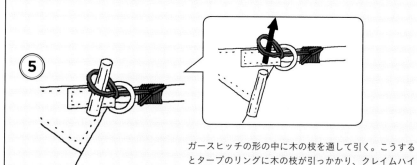

ガースヒッチの形の中に木の枝を通して引く。こうするとタープのリングに木の枝が引っかかり、クレイムハイストで張りの調整ができる。これをタープの両端に行う。

設営に絶対の
決まりはない

ハウツー本や雑誌、そして映像にある
お手本を目にすると、僕たちは「こうで
なくてはならない」「こうしないと正解
ではない」という、見本のみが正解とい
う魔法にかけられてしまうことが多い。

そうなってしまってはもう最期だ。自
然は常に変化しているし、見本と同じ環
境があるわけではない。つまりいつも理
想的な状態のタープやテントの位置で野
営ができるわけではないということだ。
もちろんさまざまな情報源から安全を確
保し、設営場所や方法を知っているに越
したことはない。でも、「設営に絶対の
決まりはない」ということだけは頭にと
どめておかなくてはならない。

自然の中で野営地を設営するためには、

何においても自由で、創造的で、自分の
知恵と工夫を駆使する楽しさがなければ
自然の中に入っていく意味がない。その
場にある環境で、いかに快適で創造性に
溢れる自分好みの設営をすることができ
るのかがブッシュクラフトの醍醐味でも
ある。

ほどよい木が一本しか生えていなけれ
ば、拾った木を加工してポール代わりに
設営すればいい。ハンモックテントを持っ
てきたものの、適した木がなければター
プだけで夜を過ごしてもいい。この本も、
あくまで自分で独創的な設営スタイルを
編み出すためのスターターブックとして
活用していただき、自然の中での知恵遊
びを楽しんでみてほしい。

焚き火の準備. 12:00-14:00

ブッシュクラフトキャンプでは、食事をつくるにも暖をとるにも、

焚き火をしないことにははじまらない。

そのために必要なのが薪集めだ。

知識とスキルがあれば、ガスなどの燃料を持ち込まず、

現地で入手できる薪でまかなえてしまうのだ。

焚き火の準備は
明るいうちに

　焚き火は楽しい。

　煙いし、火傷するし、臭いはつくし……。でも、そんなことを差し引いても、焚き火を見つめ、いじり、飯をつくって食べている時間は数百倍のおつりがくるほど楽しいのだ。

　焚き火は、火の元になる「火種」と「薪」と「焚き火道具」の3点セットと、つまみとお酒の準備が最重要になる。日が落ちてからの行動は危険を伴うので避けたいし、一度焚き火を前に腰を下ろしてしまえば樹齢1000年の大木の根のように地面と自分が離れなくなって怠け者へと変わってしまう。そうなる前に、日中明るい内に一晩＋翌朝分の準備をすませてしまうのがベターだ。

薪の採集で得られる効果

Step2
12:00-14:00

焚き火のための薪拾い。その<u>目的はほかにもある。</u>

　自分の拠点をつくったら、何よりも先に始めなければならないのが薪拾いだ。薪拾いには3つの効果がある。ひとつめは危険な場所や山野草が採れる場所など、周辺のフィールドを知ることができること。ふたつめは体を動かすことで暖かくなれること（設営に苦労した人は既に暖まっているかもしれない）。そして一番大切なことは、日頃分刻みで仕事や家事、子育てに追われている生活サイクルから、薪拾いという作業を通して自然へと体を馴染ませる時間にもなるということだ。フィールドを歩きながら、ゆっくり自然にチューニングしながら溶け込んでいこう。

薪採集にでかけるときは 装備品を腰にまとめる

あちこち動きながらの作業は多々ある。そういうときは、刃物、ロープ、グローブなど全ての装備を腰回りにまとめておこう。道具をなくさないし、素早く取り出せる。

ロープがあれば片手で大量の薪を運べる

1

火付けのメイン「小枝」を集める

薪に適した小枝は乾いているので、手でバキバキ折って集められる。集めた小枝は後で運びやすいように30〜40cm程度の長さでそろえよう。

2

「中太」の薪も同じ長さにそろえる

中太の薪も同様の長さにそろえて折っていく。手で簡単に折れない場合は、膝に当てて折るなど力を使いやすいように工夫をしよう。

3

集めた薪をロープの上に集める

同じ幅で折り集めた薪は、輪にしたロープの上に積み上げていこう。ロープは幅が狭い長丸の形にしておくと後の作業がしやすい。

4

ガースヒッチ

ロープで薪をきつくまとめ上げる

地面に置いたロープの片方の輪にもう片方を通して引き上げる。色々な形、太さの薪が混在しているので揺すりながら引き上げるといい。

5

大量の薪も運搬が楽にできる

ロープで締め上げられた薪は、肩から背負ったり掛けたりして楽に運ぶことができる。両手を使わないので移動も安全にすることができる。

/ TRICK /

浮いている枝は絶好の薪

地面に落ちている薪も、枝の形状のおかげで地面から浮いているものがある。これは乾燥していることが多いので薪に最適だ。

立ち枯れから薪をつくる

焚き火に適した<u>薪を手っ取り早く入手する</u>方法。

　僕らは365日好きなときにフィールドに入れるわけではない。前日に大雨の日もあれば、当日雨が降っていることもある。そんなときに薪として有効なのが「立ち枯れ」の木だ。立ち枯れの木は読んで字のごとく立ったまま枯れてしまった木だ。この木は地面の濡れた場所に触れていないので、比較的薪として使いやすい。枯れて折れた木が地面に触れずに何かに引っかかっている木もそれと同等の薪になる。

　「枯れているかも？」という木に見当を付けたら揺すってみるといい。まだ生きている木ならびくともしないし、枯れていれば細いとポキッと折れて少し太ければ根っこごとバキバキっと倒すことができる。

倒木は使えそうで
使えないものも

倒木によっては、濡れた地面からたっぷりと水分を吸っているものも少なくない。コケが生えていたり腐っている物は薪としては不向きだ。

立ち枯れを持ち運べるサイズに加工する

長い掛かり木を大きく折る

木に掛かった木は簡単に地面に下ろせない場合がある。そのときは折れそうなところで長めに折ってしまうといい。乾燥しているので簡単に折れる。

長い木の折り方（ナタの活用①）

太さによっては、ナタと自分の体重を活用したほうが早い場合もある。まずはナタを使って、木の半分程度まで切れ目を入れる。

長い木の折り方（ナタの活用②）

切れ目を入れた木を、倒木などを挟んで地面に置き体重をかけて足で踏み込む。そうすると、切れ目があるおかげで簡単に折ることができる。

長い木の折り方（スイング式）

簡単に折れそうな木は、バットを振るようにスイングして立木に当てれば簡単に折れる。折った木は前方に飛ぶので、周囲の確認が必要だ。

ロープでそのまま長い木を運ぶことも可能

ガースヒッチ

長い木にロープをかける

拾った木が長すぎてその場では狭くて作業がしにくいときなどは、広い場所までいったん運ぶ。その際は、輪にしたロープを活用しよう。

ロープを使って引きずり運ぶ

輪にしたロープを木の下に通し、輪の一端に反対の輪を通して引く。引いた木を肩に掛けるなどすれば、楽な姿勢で引きずって運べる。

さまざまな刃物を使いこなす

薪拾い時に刃物を携行すると、手軽な薪をその場で加工できる。

何種類の刃物を持ってフィールドに入るかは、自分の体格や性格を加味して選択してみよう。もちろん薪以外の素材集めにも有効な方法だ。

　　ナイフ以外の刃物を活用すれば、効率的に薪を集めることができる。僕がフィールドに入る際は、ナイフの他にもハンドアックス、ナタ、ノコギリ、剪定バサミを持っていくことが多い。どの刃物も得意不得意があるので、その特性を知って効率的な方法をとることができる刃物を選ぶのが大切だ。たとえば、太い木にハンドアックスで何度も刃を入れて切るよりも、のこぎりを使ったほうが圧倒的に早いし、作業時間が短い分怪我のリスクも軽減できるのだ。

どれかひとつに選ぶなら
片刃のナタ一択だ

ナイフ以外に刃物は何を持っていくか？と問われれば、僕は片刃のナタを選ぶ。刃の食い込み具合や料理からクラフトまでフットワークよく使えるのがいい。

ノコギリ、ハンドアックスの使い方

1

ノコギリはカーブ刃がおすすめ

カーブ刃は、刃を引く力が自然に切る方向に働くので、切断作業が圧倒的に早い。また、刃の長さは27cm前後の長さがおすすめだ。

❶ 使う刃が動く方向が大切

和式のノコギリは引く方向でまっすぐに力を入れるとしっかりと切れる。ハンドアックスは対象物に30〜45度の角度に当てると木に刃が食い込む。

❷ 刃の全面を使いこなす

ノコギリは刃全体を使って切れば効率的に切れる。アックスは刃の中心をしっかり当てていくとよく刃が食い込む。端を使えば細かい作業に使える。

❸ 無理な体制で刃物を使わない

刃物の切れる部分が向いている方向に手や足があると何かの弾みに切ってしまう場合が多い。無理な体勢は大けがに繋がるので注意が必要だ。

2

重力を使って切る

ノコギリで木を切るときは、切る木の下に何かを挟んで作業をすると、重力のおかげで切り口が開いて効率的に切れる。

間違えると逆効果に

切る木の下にちゃんと何かを挟んでも、木を置く位置を間違えると重力で木の切り口が閉じて逆にノコギリの刃が動かなくなってしまう。

3

「少しずつ」が大切

ハンドアックスは、一発で木を切ろうとはせずに本体の重さを活かして何度も刃を当てよう。このほうが、少ない力で木を切っていくことができる。

┤ TRICK ├

剪定バサミは意外と優秀

手で折るには力が必要だけど、ノコギリで切るには面倒な太さだ…といった枝のほうが、フィールドには多い。そんなときは剪定バサミを使えば「パッチッパチッ」と素早く切っていくことができるのだ。多少太い薪も何カ所か刃を入れればどんな刃物より早く安全な場合がある。だから僕は、剪定バサミはほぼ必ずフィールドに持っていっている。

焚き火に適した薪の条件

いい薪の条件はちゃんと燃えて、<u>コントロールしやすいこと。</u>

針葉樹　　　　　　　　　広葉樹

　燃える薪の条件は、どれだけ完全乾燥に近い木を見つけることができるかに尽きる。焚き火が安定していれば湿った木も焚き火のそばにおいておけば次第に乾燥して燃えていくが、最初に湿った木ばかりだと火つけに苦戦してしまう。

　そして、樹種もまた重要だ。キャンプ場で薪を購入する際に、針葉樹は価格が安く、広葉樹は価格が高いことを目にしたことはあるだろう。その理由を知るためにも、針葉樹と広葉樹の特徴をよく理解しておく必要がある。ちなみに、針葉樹の薪と広葉樹の薪は煙の香りが違う。個人的には広葉樹の香りが好きだ。

どんな薪をどれだけ集めるべきか

ひとり分の小さな焚き火を楽しむのなら、爪楊枝ほどの細い薪と、親指程度の薪、そして手首くらいと３つの太さの薪を集めればじっくり焚き火を楽しめる。また、ジュースの缶くらいの太さの薪に完全に火がつけば、いつまでだって焚き火と夜空をつまみに夜を楽しむことができる。

▌燃えやすい針葉樹

葉が針のように細いものが多いのでその名前がついている。木はまっすぐ伸びる物が多く、代表的な種類にマツ、スギ、ヒノキなどがある。薪としての特徴は、なんといっても燃えやすいこと。油が多かったり、広葉樹と比べて木が柔らかく目が詰まっていないのが理由だ。また、繊維もまっすぐなため薪割りもしやすい。焚火の始めや一気に火力を上げたときに有効だ。

針葉樹の見分け方
枝か地面に針のような葉があれば針葉樹である可能性が高い。また、木自体が比較的直線なのも特徴。

▌火持ちのいい広葉樹

葉が広く平らな形をしているものが多い広葉樹。木は枝葉を横に大きく広げ、針葉樹と比べてクネクネした形をしているので、薪割りはしにくい。代表的な種類にケヤキ、サクラ、クヌギなどがある。薪としては硬く目が詰まっているので火持ちがよいのが特徴。ただし着火は苦労する。広葉樹に火がつけばじっくりと焚き火を楽しめるので、太めの薪としてたくさん拾っておきたい。

広葉樹の見分け方
枝か地面によくある葉があれば広葉樹。また、木の枝分かれが多く曲がりが多いのも特徴だ。

焚きつけを加工する

焚きつけになる<u>種類とその採集方法</u>を覚えておこう。

　焚き火をするのに最初に使うのが、火がつきやすく火を育てるための元になる火種だ。プリミティブな焚き火を楽しむなら、できれば火種も自然物にしたいところ。フィールドを見てまわれば火種になるものがたくさんあるので、試しに探してみよう。火種のポイントは、火打ち石やメタルマッチ、マッチやライターを使ってはじめに簡単に燃えてくれるものがいい。フィールドにもよるが、乾燥したスギの葉、ガマの穂、マツボックリ、そしてシラカバの皮があれば最高だ。今回のフィールドでは、マツボックリとシラカバの樹皮を採取できた。ちなみにどれもほぐして細かくしてから使う。

樹皮は枯れた木から
採取すること

木は樹皮を剥がしすぎると寿命が一気に縮まってしまう。樹皮の採取は必ず枯れて倒れた木からすること。

シラカバの皮の採取方法

1

「H型」に切れ目を入れる

シラカバの木を「H」を横に倒した形に切れ目を入れる。ナタやナイフで始めに木の上下に横に刃をいれて、最後に縦に刃をいれる。

2

樹皮をめくる

入れた刃に沿って樹皮をめくる。しっかり刃をいれていれば簡単に樹皮を剥がすことができる。

3

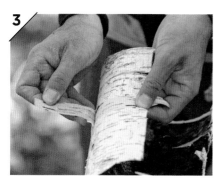

表皮の部分を剥がしとる

一番良く燃えるのは、樹皮の白い部分。この部分を手で丁寧に剥がしていく。さらに、細く裂いておくと使いやすい。

4

最高の焚きつけの完成

シラカバの皮は、灯油を染みこませた布のようによく火がつく。メタルマッチなどで着火できるよう、可能な限り薄く細く剥がしたい。

COLUMN

自然が宝の山に見える

ブッシュクラフトは、ポール代わりの木や薪、焚きつけのシラカバの皮やマツボックリ、そして美味しい山野草や魚など、自然の恩恵を受けることで成り立つ遊びだ。

ネイチャークラフトも楽しみ始めたら「この木は家の○○に使えるな」とか、「この流木はオブジェになるな」などフィールドを歩くと野営に必要な物以外も全てが何かに使える"今ここでしか出会えない"宝物のように見えてきてしまうのだ。

万全を期して火種を持ち込む

あらゆる環境下で火が起こせるために、バックアップは必需品だ。

Step 2
12:00-14:00

　ブッシュクラフトをしていると、自然物の火種を使わないと反則的イメージを持ってしまうがそんなことはない。もしものためにも火種になる素材を持ち込んでおこう。火種の代表選手は新聞紙。そのほかにも牛乳パックや麻紐などがある。個人的にはメタルマッチでも着火がしやすい麻紐が好きだ。

牛乳パックは
何かと便利

牛乳パックは、防水と燃えるというふたつの性質を持っている。なので火種に使ったり、濡れている地面に座るときの敷物につかったりと使用の幅は広い。

麻紐を火種に加工する

1

麻紐カットする

麻紐を30cm程度の長さで何本も切る。10本以上あるといい。

2

麻紐の繊維をほぐす

100円均一などで売っている小さな剣山に切った麻紐をまとめて引っかけて引いていく。繰り返すと、手でほぐすよりも早く大量に火種ができる。

COLUMN

空いた時間に火種づくり

麻紐の火種はとっても便利だ。でも、家で時間をかけてつくるようなものではない。僕はフィールドで焚き火を見つめているときに、手悪さ感覚で作業をすることが多い。単調な作業だし、そんなに難しくはないので暗がりであまり何も考えずに作業をすることができる。

新聞紙を火種にする方法

1

燃えやすい状態に加工する

はじめに新聞紙をキツく硬いボール状にしていく。そのあと一度広げてシワシワの紙をつくる。こうすることで火に大事な要素「空気」をたくさん含んでくれる。

2

1でオタマジャクシをつくる

シワシワになった新聞紙を、今度は空気を含むようにふわっとオタマジャクシの形をつくる。しっぽは着火する部分になる。

火床の種類はさまざま

3つポイントに注意すれば、どんな形状、素材でつくっても自由だ。

動画でチェック!

　火床（または"かまど"）はフィールドにある素材でセットアップすると
スマートだし、スピーディーでいて簡単につくることができる。

　はじめは、火床のサイズと形状は後から変えていってもいい。注意点と
しては地面だけではなく上も見て木の枝が近くに張り出していないかなど
火事防止や無駄な自然へのダメージもチェックしておこう。また、地面に
木の根が張り出していないかの確認などもすること。これを守ればどんな形
状、素材で火床をつくっても正解なので、色々試してほしい。

火床をつくる際の注意点

火床は、フィールドにおけるキッチン、暖房、明かり、そしてそれらを楽しむリビングに当たる場所になる。それだけに快適で安全な場所をつくりたい。
火床づくりにはもしものことまで考えて細心の注意を払ってつくる必要がある。火床づくりのポイントを3つに絞ってみたので参考にしてほしい。

❶ 火床で火事を起こさない

火床が原因で火事を起こしてしまったら元も子もない。必ず地面、火床の上部に燃えやすい物が無い状態にしてから作業を進めること。

❷ 自然へのダメージを減らす

僕たちは自然の中にお邪魔してこの遊びをさせてもらっていることを忘れてはいけない。可能な限り自然へのダメージが少ない方法を選ぶように。

❸ 焚き火の恩恵を得られるデザイン

せっかくの火床も使いにくいと意味がない。料理、暖取り、明かりを堪能できるデザインをしよう。

木でシンプルな火床をつくる

1

火床のデザインをする

焚き火をしたい形状、サイズをイメージして地面に線を引いてみる。このとき火床で何をするのか、何を使うのかを想像しておくと失敗がない。

2

枯れ葉を排除する

このスタイルは火事になりやすいので、地面に引いた線の周囲にある燃えやすそうなものを広範囲に取り除いておく。

3-1

木を2本並行に並べる方法

この方法は、木を2本並べた間部分が均一なので写真上部を強火、下部を弱火にするなど火力調整がしやすく五徳が使いやすいのが特徴。

3-2

木を2本ハの字に並べる方法

この方法は、中心に大きな火をつくることができるのが大きな特徴。三脚の使用などに便利。どちらの方法も、簡単に燃えない太さの木を使おう。

石のかまどは万能キッチン

川、森などさまざまなフィールドでもつくれる。

　僕が一番好きなのは石のかまどだ。セットアップの段階では重い石を運ばなくてはならないので少々重労働だが、その分メリットはたくさんある。まず何よりも素晴らしいのは、どんなかまどよりも火事に関する安全度が高いことだ。石のかまどは、しっかりとつくれば隙間がないし素材も燃えないので火がかまどの外に移っていく可能性がゼロに近いのが心強い。

　また、汎用性が非常に高いのがいい。大きな石のかまどをつくれば、焚き火を数カ所に分けたり、長めの薪も投入してじっくり焚き火を愉しめる。そして、かまど内に石を増やしで焼き場、湯沸かし場などポジションを増やしたり、石自体を台にでき、三脚との相性も非常によいのだ。

> **MEMO**
> ### 石のかまどならではの焚き火の終わり方
> 火が地面を伝って燃え移りしにくい特徴を活かして、就寝前など大きめの炭化した薪などは、それぞれくっつかないように配置したらそのまま就寝してしまうことも。

⫶ 石で火床をつくる

1

火床のデザインをする

木の場合と同様、焚き火のサイズをイメージして
線を引くなどして、その線よりも30cm以上広め
に落ち葉などを取り除いておく。

2

石でかまどを組む

1でデザインしたかまどの線に合わせて石を組んで
いく。石を組む際は、石をよく見てどの面を上に
置くとフィットするかなどを考える。

POINT

石は隙間なく組む

3

グラつきと使い勝手の確認

一度組みあげたら、石のグラつきや使い勝手を確
認する。平らな面が多いと使い勝手が向上する。

4

完成

完成したときの達成感は石のかまどならでは。実
際に使ってみてから修正点があれば修正しよう。

⫶ COLUMN

自分だけのスタイルをつくる

かまどは、何夜も共に過ごすと「もっと大
きいほうがいい」「座るところには平らな石
が欲しい」など自分ならではの求める要素
がでてくる。毎回その要素を埋めていける
ように工夫をすれば、きっと自分が一番使
いやすいかまどが誕生するはずだ。まずは
あまり考え込まずに、かまどづくりにかけ
るよりも焚き火を楽しむほうに時間をたく
さんとるようにしよう。

より原始的なかまどを楽しむ

煙突効果で燃焼効率のいいかまどは斜面でこそ活きる。

　地面に穴を掘って火床をつくる方法で、ダコタファイヤーピットと呼ばれる。空気を吸気する構造があることと、火床も縦長なので煙突効果で燃焼効率が非常に高いのが特徴。うまく高温を活かせば素焼きの皿やオブジェだってつくれてしまう。問題はつくるのが面倒なこと……。それを解消するには斜面を利用してつくる方法がある。

　フィールドによっては、穴掘り禁止など地形を勝手に変えるのは御法度の場所もある。火床づくりは現地のルールに従って行うようにしよう。

スコップを使うと
手早くかまどがつくれる

ベーシックなつくり方は、太めの木を半分に割ってシャベルにする方法があるが。でもこれだとかなり時間がかってしまうので、スコップを使うことをおすすめする。

ダコタファイヤーピットをつくる

1

火床制作の準備

火床の配置をイメージしたら、地面の落ち葉など火事に繋がるものをすべて排除する。また、地面が柔らかすぎると制作が難しいので地固めをしておく。

2

斜面上部に火床部分を掘る

スコップを使って、およそ30cm×30cm×深さ35cmの立方体を掘る。形は円筒形でも立方体でもどちらでもよい

3

掘った場所を整備する

2で掘った場所は、火床として使いやすいように整備をする。足などで火床が平らになるよう踏み固めてならしておく。

4

吸気口を掘る

斜面地下部、火床から20cm程度離れた場所に火床よりも小さいサイズ、同程度の深さの穴を掘る。

5

火床と吸気口を繋げる

砂場でつくった山にトンネルを掘るがごとく、火床と吸気口をトンネルで繋げる。その際に、火床と吸気口の間がトンネルで崩れないように注意すること。

6

完成

使うときは、五徳代わりに木を置いたりと工夫をして使うようにしよう。

/ TRICK /

携行できるスコップが便利

スコップは、穴掘り、焚き火後の炭や灰の処理、最悪フライパン代わりにするなど活用の幅が広い。本当に使いやすいスコップは、掘り面が大きく柄が長く、グリップがしっかりした物が望ましいが、すべての荷物を自分で背負うとなるとそうもいかない。使い勝手と運びやすさのバランスを考えて、僕は折りたたみ式のスコップを愛用している。

焚き火の熱効率を上げる方法

焚き火の恩恵を最大限に活かすテクニック。

　風の強い日やより暖まりたいときなどに火床とセットでつくりたいのが「ファイヤーリフレクター」だ。ファイヤーリフレクターは焚き火の熱や明るさを反射させる壁のようなもので、焚き火の恩恵を最大限に活かすためのツールだ。原理はとても簡単なので、誰もが理解しやすいだろう。焚き火の恩恵を最大限に活かしたい場合は、自分に対して焚き火を中心に逆U字型につくるとより効率的だし、1面にとどめれば視界は広いままだ。

　つくり方には「ファイヤーリフレクターから隙間風が出入りしにくくなっていること」と「崩れないように安定させる」という2つのルールを守ればどんなもので、どんな方法でつくっても問題ない。ここでは木と石の代表的なつくり方を紹介する。

石のかまどは
高さを拡張するだけ

フィールドに石が多い場合は、力仕事をのぞいて作業が簡単なので断然こちらの方法がおすすめ。石のいいところは、火床を石でつくった際に、そのまま必要な部分だけ囲っていけばいいことだ。

木でリフレクターをつくる

等幅等厚の木を用意する

比較的まっすぐな木が多い針葉樹で、同じ幅、太さの木を多めに用意する。同じ幅の木が見つからない場合は、「隙間がない」を守りながら製作しよう。

柱をつくる

1の木を積むための柱をつくる。地面に差し込むため少し長めに60〜80cmほどの長さで切り、先端を尖らせる。同じもの3本用意する。

2を打ちつける

リフレクターを設置したい場所に2の柱を打ちつける。1の木を目安にしながら、両側で挟み込むようにする。安定感に欠けるようなら柱を4本にする。

1の木を積む

3で打ちつけた柱の間に1の木を積んでいく。積んでいく木の曲がりが多い場合は、積む向き、順番などを考えながら進めていく。

COLUMN

リフレクターでうたた寝

僕は、ファイヤーリフレクターは作業が面倒なのであまりつくらない。ただとある条件下においては、率先してつくる場合がある。それは、寒い夜に酒を飲みつつ、そのまま焚き火の前でうたた寝したいときだ。そんなときは、焚き火を大きく囲うように、自分から見て半円形に近いリフレクターをつくる。自分が低い位置にいれば効果が高いので、各所から反射してくるほんのり暖かい焚き火の熱を感じながらうたた寝をするのだ。

薪の組み方はシンプルに

効率的で焚き火の恩恵をフルに活かせる基本的な薪の組み方。

薪の組み方は十人十色で実にさまざまだ。焚き火台を使う場合は「逆四角錐型」や「平面型」などその焚き火台の構造によってベストな薪の組み方は大きく変わるし、直火派の焚き火好きの人に聞けば、それぞれこだわりの組み方がある。

このページでは、焚き火の基本原則である「空気の循環」と「燃える物（薪）がほどよく重なっている」というふたつを押さえ、さらに用途によって使い分けができる特徴的なふたつを紹介していく。

まずはこのふたつをマスターして、シチュエーションや好み、そして用途に合わせて自分だけの組み方を探して欲しい。

ティピー型

特徴

円錐型に薪を組みながら焚き火をするティピー型の大きな特徴は、火も円錐型に高く上がるため焚き火が持つ魅力の「明るさ」「暖かさ」を存分に味わえることだろう。僕は沢登りの際の暖とり、複数で焚き火を囲む、濡れた服を乾かす、三脚を使って鍋や肉を吊したりするときに使うことが多い。

焚きつけから太い薪まで同じ組み方でも着火がしやすいので、初めての焚き火にもおすすめ。薪の先が早く燃える特徴があるため。時間が経つと薪が短くなって薪と薪が離れてしまって鎮火してしまうこともある。焚き火を維持する際は、こまめに薪を中心に寄せていくのがコツだ。

建てかけ型

> **特徴**

薪を建てかけ、横に並べる建てかけ型の特徴は、炎が上がる範囲が広いことだ。これによって、どの薪の組み方よりも炎の位置や高さを調整しやすいため、「調理がしやすい」という特徴がある。弱火から強火までコントロールできるのでさまざまな料理が自由自在にできるようになる。

太い木を2本使うかまどで焚き火をするときなどに有効で、着火は焚きつけに着火したら少しずつ薪を建てかけていくとうまくできる。炎は低いところから高いところに上がる特徴があるので、立てかける高さや並べる薪の数を変えることで火力調整をしていく。

COLUMN

焚き火は薪の組み方で決まる!?

　熊撃ち猟師、カヌーツアーのガイド、マサイ族の人など、出会った焚き火がうまい人達をよく見ていると、薪の組み方が素早いのに効率的で美しい人が多い。

　皆自分の用途やこだわりで組み方はまった

く違うが、「焚き火をイメージして薪を丁寧に組む」という点に関しては共通している。

　焚き火教室などをしていても、点火から火の維持までをイメージして丁寧に薪を組めた人は100%の確率で一発着火に成功している。

着火方法別の薪の準備

用途に合わせた着火方法を理解して、
スマートに焚き火を楽しもう！

動画でチェック！

▶ 一発着火型

新聞紙などの火種を使い、最終的にマッチやライターで着火すると
きに有効。一度着火したら「いじらず見守る」のが肝になる。

1

乾いた小枝を多めに組んでいく

新聞紙などの火種を置いたら、小枝を「これでも
か！」というほど山盛りに組む。このときに、小
枝と小枝がしっかりと重なるように組んでいかな
いと、隙間が多すぎて着火後小枝の一部だけ燃え
切って鎮火してしまうので注意。

2

小枝よりも太い薪を組んでいく

はじめに組んだ小枝の上に、小枝よりも太い薪、
さらにそれよりも太い薪といった順番でどんどん
薪を組んでいく。このときも、小枝から太い薪ま
で、薪と薪がほどよくくっついていないと途中鎮
火の可能性があるので注意して組んでいくこと。

3

着火後はとにかく我慢

ある程度焚き火が維持できそうなくらい薪を組め
たら、火種を着火する。ここからは太い薪まで火
がしっかりと着くまで、とにかく薪をいじらず我
慢する。火が安定したら、薪を追加しながら好き
な火力の焚き火に育てていく。

} チリチリ型

マグネシウムなどの棒を擦って火花を飛ばすメタルマッチを使って着火するときに有効な方法。とにかくじっくりがコツ。

1

細かく裂いた火種を積む

メタルマッチで着火しやすい火種を準備する。火種はなるべく細く裂くなどしておくと着火の成功率が上がる。用意した火種は、空気の流れがありつつも、ある程度火が維持できるくらいまで積み上げておく。

2

チリチリと薪を足していく

火種をメタルマッチで点火したら、さらに火種を乗せて火を大きくしていく。ある程度火が大きくなったら細い枝を折って足していき、さらに火が大きくなるようにする。チリチリという小さな火の音を段々大きくするイメージがコツ。

3

安定した焚き火に育てていく

ある程度火が大きくなったら、何度も薪をくべなくても大丈夫なように太い薪を足していく。太い薪数本にしっかりと火が着けば、もう安心の焚き火になる。この後は通常の焚き火同様、好みの火力に調整しながら焚き火を育てていく。

COLUMN 3
ブッシュクラフトに適した服装

ビジネスシーンでも、レストランでも、アウトドアでもTPOに合わせた服装がある。アウトドアにおいては、「アクティビティーが安全にできる」「天候・気温に対応」「動きやすい」「快適」の4点で考えていくと間違いないウェアリングが出来るはずだ。

ブッシュクラフトに適した服装を決めるには、まずシチュエーションを考えると選択しやすい。考えられるのは、刃物を多用するので服が切れる可能性、焚き火をするので服が焼ける可能性、野趣あるキャンプなので後で目を覆いたくなるほど汚れる可能性などがある。

そこから考えられるのは、極力化繊を避けてキャンバス地の素材の服をチョイ

スするのがいいだろう。それに加えて沢山の小物を持ったりするのでポケットは多いほうがいい。寒いときはもちろんダウンジャケットが欲しくなるが、その際はキャンバス地の服の中に着込むようにして、火による被害を最小限にする。

シューズは防水透湿素材を使ったタイプは快適だが、ずっと焚き火の高温に当てていると熱で素材がダメになってしまう可能性があるので、天候がよければレザーブーツ、雨なら長靴などでもいいだろう。

もちろんこれは僕が思うブッシュクラフトに合わせた服装だ。技術が上がって色々な知識がついてくれば、Tシャツに短パンでもいいかもしれない。

Step3

クラフト 🕐14:00-17:00

ブッシュクラフトにおけるクラフトは、

フィールドでの生活が便利で豊かになったり、

楽しい遊びが展開できるものなどを自然物と知恵と技術でつくること。

ロープワークやナイフワーク、そして材料選びなど、

さまざまなスキルが求められる。

クラフトは
自然と向き合える
楽しい遊びだ

　ブッシュクラフトにおけるクラフトは、フィールドでの生活が便利で豊かになったり、楽しい遊びが展開できるものなどを自然物と知恵と技術でつくるというふうに僕は理解している。

　ロープワークやナイフワーク、そして材料選びといったブッシュクラフトに必要な要素すべてが盛り込まれていて、かつ自然と向き合える楽しい遊びだ。

「ここに物かけがあったら便利なのになあ」と思ったときにそれを森の中から拾った素材でつくり使うときの満足度は、お店で買った道具を使うよりも僕にとっては数千倍高い。

　つくるものやつくり方にルールは一切ない。ここでは刃物の使い方から簡単なクラフトまでを丁寧に紹介するので挑戦してみてほしい。もちろん、クラフトにはさまざまなナイフワークも必要になってくる。

　焚き火を前にナイフを木に当てて動かしはじめたら、気づけば夜になっていたというほど時間が過ぎるのはあっという間だろう。

刃物には得手不得手がある

刃物の特性を理解して<u>適材適所で使い分け</u>よう。

　丈夫なナイフ1本で全ての作業をこなすのは、ブッシュクラフト的にはスマートだ。基本的にはすべてのことをナイフ1本で十分こなせるが、刃物には得意不得意があるので用途に合わせて使い分けるのもまた刃物を使う面白さ、そしてより効率的な作業ができるようになる。

　刃物の世界は、専門書が出るほど奥が深く簡単には語り尽くせない。刃の形、厚さ、長さ、刃のつけ方、そして砥石は何を使うのかなど、もしもこの世界にハマってしまったらとんでもないことになってしまう（かくいう自分も刃物に魅せられたひとりだ）。

　刃物の選択方法は、価格、使い方や癖、趣向などで個人差が出るのも面白い。「いったいどんな刃物を使えばいいのか？」本書では少しでも解決しやすいように、刃物を導入する上で最低限必要な「これでブッシュクラフトが楽しめる！」というチョイスの仕方と使い方を紹介する。

刃物の種類

ブッシュクラフトに敵した刃物は大きく分けて次の5種類がある。また、同じ種類でも選択方法があるのでこれらを紹介していこう。

❶ シースナイフ

手で握るグリップ部分から刃の部分までが金属で一体化しているナイフのこと。本体に刃を収納することができないので、通常は専用のケースにナイフを収めておく。

選ぶ際のポイント

● 刃の長さ
● 刃の厚さ
● グリップは手にしっくりとくるか
● フルタングか否か

シースナイフは丈夫なほど理想的だ。オールマイティー型なら刃厚が3mm程度あり、フルタングで刃の長さが100mm程度のものがいい。

❷ フォールディングナイフ

刃を折りたたむとグリップに収納できる仕組みになっているナイフのこと。折りたたみの刃が誤って閉じないように刃をロックする機能が付いている物が多い。

選ぶ際のポイント

● 刃の長さ
● 刃の厚さ
● グリップは手にしっくりとくるか
● ロック機能が付いているか否か

フォールディングナイフは丈夫さと小回りがきく使い方が出来るものを選びたい。ロック機能がついていて、刃渡りは70mm程度、刃厚は2mm程度のものがいい。

❸ ツールナイフ

多機能ナイフの総称で、ノコギリ、ペンチ、プラス/マイナスドライバー、ピンセットなど様々な機能がナイフに付加されているもの。ペンチ付きが便利。

選ぶ際のポイント

● 必要な機能は付いているか
● ペンチがある場合は丈夫なつくりか

ナイフの刃だけでは簡単にできない作業ができるのがこのナイフのよさだ。ノコギリ、キリ（穴あけ）、さらにペンチ機能もあると汎用性が高い。

④ ナタ

日本文化で培われたさまざまな機能や種類が付加され進化しつづけた刃物。ナイフのように細かい作業や手斧のようにワイルドな使い方もできる。

選ぶ際のポイント

- ●刃の長さ
- ●片刃か両刃か
- ●剣型か、角型か

僕のこだわりは、角型のナタで刃の長さが180mm程度、そして片刃のもの。片刃は木への刃の食い込み力に特化した細い作業と大振り作業のハイブリッドなのがいい。

⑤ ハンドアックス（ハチェット）

頭が重く、持ち手が他の刃物よりも長いことから、遠心力を活かせばどれよりもパワーが出せるのが特徴。また、刃の反対側はハンマーとしても使える。

選ぶ際のポイント

- ●持ち手の長さはちょうど良いか
- ●刃の部分は重すぎないか

ハンドアックスは何よりもバランスを大切にしたい。重さは1kg前後で全長が手首から肘の先までの長さ程度のものを選ぼう。

POINT

使用用途で刃の厚さを変える

刃の厚さは、料理なら薄く、ガシガシ力作業をするなら厚めのナイフを選ぼう。ではハイブリットで使うには…？など、自分の用途に合わせてナイフを選んでみよう。

COLUMN

刃物を買うなら高価な物がいい？

ナタやハンドアックス、シースナイフなどは「どうせ買うなら一生物の高価な物を」となりがちだ。僕は、学生時代に奮発して買った10,000円程のナイフがもったいなくて使えず観賞用と化したことがある。ブッシュクラフトにおける刃物は、どんどん使い切れ味が落ちたら何度も研いで使ってこそ意味をなす物だ。ファースト刃物は自分のお財布と相談して躊躇なくガシガシ使えるものを手にしてほしい。

刃物を使うときのルール

刃物を使っていると、多かれ少なかれ体のどこかを切ってしまうことがあるはずだ。傷が浅ければ経験値として受け入れたいところだが、傷が深いと体の機能に支障をきたしたり、大出血になる可能性もある。刃物の扱いには十分気をつけたい。また、扱い方ひとつで刃の寿命が大きく変わる。その辺をしっかりと理解しておこう。

❶ 刃物を使うときは グローブを装着する

もしも刃が滑ってしまっても、グローブを装着していることで助かることは多々ある（ナタやハンドアックスを振り下ろした際は保護できない）。また、ナイフを持っている手が滑って怪我をするなどの事故を防ぐためにも滑らずタイトで指先が自由に動けるグローブを装着するようにしよう。

❷ 刃物はそこら辺に置かない

作業に夢中になると、至る所に刃物を置きっ放しにしてしまうことがある。足で踏み抜いてしまったり、手や膝をついたときに切ってしまったりとうっかりから大けがに繋がることもないとはいえない。刃物を使わない時はかならず刃を収納し、腰で携帯するか所定の場所に置く癖をつけよう。また、フィールドには物を落とすとなかなか見つからないので、目立つ色の紐などを付けておくといいだろう。

❸ 刃を硬い所には当てない

刃物はたとえ小石でも刃を強く当てれば欠けてしまったり、切れ味が一気に落ちてしまう。特にナタやハンドアックスを使うときは、刃が硬い所に当たらないように注意が必要だ。また、ナイフ類もクッカーの後ろなどをまな板代わりすると切れ味が落ちてしまう。極力避けるようにしよう。

ナイフの基本技術

使い方を間違えれば、<u>大きな怪我にも繋がる。</u>

動画でチェック！

　ナイフは、フィールドで活動するなら誰もが使ってみたい道具のひとつだろう。ナイフが持つ能力は削る、切る、穴を空けるなどシンプルな機能しかないのに、野営に必要なさまざまなものをつくり出してくれ、旨い食べ物を切り出し、研ぎ作業などの手入れの時間は次のフィールドへの思いを強くしてくれる最高の道具だ。

　しかし、ナイフは持っているだけではなんの役にも立たない。経験を積み、さまざまなテクニックを駆使して使いこなせる自分がいてこそ無限の力を発揮してくれるという、持ち主次第という側面を持つ。

　使い方を間違えれば大きな怪我にも繋がる道具だけに、ナイフの技術は絶対マスターしなければならない。数あるナイフ技術の中でも、僕が一番使う5つの方法を紹介するのでしっかりと習得しておこう。

この技術を使いこなすだけでも、ナイフが自分の相棒として十分に活躍してくれるはずだ。

ナイフの握り方3種

❶ 鉛筆削り

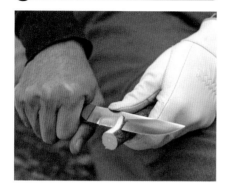

細かな作業を確実にこなすためにはこの方法が一番だ。ポイントは、刃物を持っている手は動かさないこと。刃物を持った手は、刃を削りたい物に刃を当てる角度の調整のみで、反対の手の親指で刃を押し出すイメージだ。

❷ 順手削りだし

大きな力で刃を前に押しだし、対象物を削り出す方法。ペグづくりの削り出しや大きく大ざっぱに削りたいときに有効だ。刃物を持った手は刃を動かすのと当てる刃の角度を変える役割で、反対の手は対象物が動かないように持つ役割だ。

❸ 自分に向けて削る

時には自分に向けて使ったほうが思い通りに削れることもある。刃物を持つ手は刃物を動かし、大切なのは反対の手の親指で刃を押さえて力のコントロールをすること。この方法はリスクも高いのでしっかり練習をしよう。

ナイフの使い方＋α

ペンスタイル

ナイフのグリップ部分を、鉛筆を持つように持ち、刃先を使って細かな作業をするときに使う方法だ。力の入れ方は鉛筆で濃く書くときと同じ要領。樹皮に切り込みを入れたり、スナックの袋を下に置いて切るときなど、意外と活用の幅は広い。

COLUMN

刃物を使うときは、怪我の対処もできるようにしておこう

どれだけ刃物に慣れていても、ふとした瞬間にやってくるあの"サクッ"といういやな感覚は何回経験しても嫌なものだ。刃物による怪我は、僕の実体験的におおむね「無理な力」と「油断」のふたつで起きることが多い気がする。大切なのは、未然に怪我を防ぐことだ。そし

てもしも怪我をしたら応急処置をする道具があり、自分で正しい処置ができることが重要になる。
処置の方法は、基本的に以下の5項目がベースとなるので覚えておこう。

❶ 可動部の確認

切った場所前後の関節が動くか確認する。動かない場所があればすぐに病院へ。

❷ 出血の量を確認

通常出血であれば処置を行い、大出血の場合は即座に止血をして病院へ。

❸ 止血

切った場所よりも少し体の中心側をつまむなどして止血をする。

❹ 傷口の洗浄

細菌や汚れからくる化膿などがないようにしっかりと綺麗な水で洗浄する。

❺ 傷を覆う

カット絆やガーゼなどで傷口を覆う。出血が止まらない、痛みがひどい場合などはすぐに病院へ行くこと。

楽しいブッシュクラフトライフのためには、安全確保と同等にマイ救急セットを用意し、応急処置の方法もしっかりと体得しておくようにしよう。

╏ バトニングの方法

ナイフで深い切り込みやちょっとした木を割りたいときなどに使うのに最適な方法だ。刃物を利き手と逆に持ち対象物に当てて、木などハンマー代わりになるものでナイフを叩いて作業を行う。刃を叩くのを金属製にすると刃の背がつぶれるのでNGだ。

動画でチェック!

❶ 対象物の中心に刃を当てる

割りたい木を平らな場所に置く。利き手でナイフを持ち、割るべき場所に刃を当てたらナイフを利き手と逆に持ち替える。利き手でハンマー代わりの木を持ちナイフの背の中心に置く。

❷ ナイフの背を叩き、対象を割る

割りたい木が倒れないようにバランスをとりながら、ハンマー代わりの木でナイフの背を叩き割り進める。このとき、ナイフが木に対して平行に入っていくように叩くようにする。

❸ 叩く場所を変えて割り進める

刃がある程度入ると、ナイフの背が叩けなくなる。この段階になったら木から出ているナイフの先と持ち手近くを交互に叩き、刃がバランス良く木に入っていくようにする。

❹ 力を調整して割りきる

割り終わりは、無駄な力でナイフを叩いてナイフの刃にダメージを与えないように力を調整しながら割り進める。最期はナイフを少しひねれば木がきれいに割れてくれることもある。

クラフトに挑戦しよう

素材になる<u>木の見極め</u>が重要。

いよいよ楽しいクラフトタイムの始まりだ。クラフトに大切なのは、ナイフの基本的な使い方を駆使することと素材になる木を"見る"こと。

これから紹介するクラフト例は、どれもブッシュクラフトが楽しくなる物ばかりをチョイスしてみた。ナイフの基本が

マスターできるような順番で紹介するが、もちろん自分がつくってみたいと思う物から初めてもいい。また、必要なナイフワークのすべて、そして自然素材の見方を身につけるのに最適な例ばかりだ。フィールドに入ったら、できるだけたくさんの物をつくってみよう。

⌐ TRICK ¬

枝振りの見方

まずは入手した木をどのように使うか？使えるか？を見分けるのが重要だ。はじめに見るのは入手した木が腐りすぎていないこと。腐っていたらせっかく製作した物もすぐに破損してしまう。そして枝振りを見ること。枝振りを活かせばさまざまなクラフトにも活用できるのだ。

物かけをつくってみる

まずは枝振りを生かしてつくる。切る、削る、打ち込むをやってみよう。

ナイフやタオル、ヘッドランプなど、なくしそうな物をかけておける物かけはとっても便利だ。また、はじめにこれをつくってみれば、きっと枝の見方がわかるはずだ。

1

枝分かれを活かして必要な長さに切る

沢山枝分かれをしている木を選び、自分が必要な長さ＋土に埋める20cm程度の長さで切る。

2

地面に刺す部分をナタなどで尖らせる

刃が地面に当たらないように、木を立てた状態でナタを振り下ろし先を尖らせる。木を回転させながら削った面をずらしていく。

3

必要ない枝を切り落とす

すべての枝がそのままだと使いづらいので、使った状態をイメージして不必要な部分を切り落とし、また長い部分も短く切っていく。

4

地面に差し込んで完成

完成させた物かけを、自分が置きたい場所に叩き埋めていく。このとき、ハンドアックスの背を使うと作業がしやすい。

⫷ 笹で串をつくる

誰でも簡単につくれる笹の串。まっすぐで太く、青々としている笹を選ぶのが大事。

クラフト初挑戦
にオススメ

忘れ物しても困らない

忘れてしまったり、人が増えて足りなくなることが多いカトラリー類。そんなときはその場でちゃちゃっと手早くつくってみよう。そうすると忘れ物の問題は即時に解決する。

1

笹を採集しカットする

枯れていない笹を切り出し、40〜50cm程度の長さで切る。このとき、持ち手は節を残し、先端は節から刺したい物の長さを残して切る。

2

先端部分を2つに割る

先端部分の中心に刃を当てて節の近くまで割る。笹は縦に繊維があり簡単に割れるため、ケガに注意しながら力加減を調整して作業をする。

3

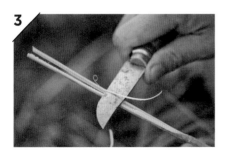

先端部分を細く削る

2で割った部分が串の刺す部分になるので、好みの細さになるように割れ目部分を細く削る。このとき、細くしすぎると折れるので注意。

POINT

最後の仕上げが肝

串の先端部分は、具材がしっかりと刺さるように尖らせよう。また、串を口に入れたときに削り残しがあると危険なので削り落としておく。

木で串をつくる

木を使って串をつくってみよう。これがあれば、肉やチーズ、ベーコンなどを炙って楽しむことができる。

1

枝はなるべくまっすぐが理想

枝を切る

焚き火に焼き物を刺して炙っても手が熱くならない長さ、おおよそ50〜60cmで枝を切る。イチョウやウルシなどかぶれる恐れがある木の枝は避けよう。

2

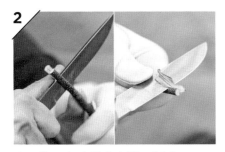

串の先になる部分を縦に割る

ナイフを枝先の中心に当てて、5〜6cm程度割れ目を入れる。焼き物が刺さりやすいように割りを入れた先の部分をナイフで削る。

POINT

じっくり薄く削る

2の作業をするときは鉛筆削りの方法で、じっくり薄く少しずつ削っていくようにする。刃を当てるときの角度にも注意して削り進めよう。

3

割りを入れた部分に小枝を挟む

串先が二股に分かれた状態になるように、枝の太さの2倍程度の長さに切った細い枝を挟む。

4

持ち手や本体部分に飾りつけをする

水玉模様やボーダーラインなど、製作した串に愛着が湧き、そして地面に置いても目立つように飾りをつけよう。

⦚ 木と笹で箸をつくる

箸の世界は実に奥が深い。入手しやすい木の枝と笹と2つの素材でのつくり方を紹介する。

日本の心をつくろう！

自分の好みの木を探す

自分が好きな太さでなるべくまっすぐな枝の部分を2本切り出す。このとき、イチョウやウルシなどかぶれる恐れがあるものと中空の木の枝は避けよう。

木の箸

1

自分の手に合った長さで切る

自分の手に合った長さを決める際の目安は、手をパーにして手首に木を当てて、中指までの長さの1.2倍程度。これをベースに長め、短めを決める。

2

枝を2本切り出し、長さをそろえる

箸は2本一組なので、なるべく同じ太さの枝を探し1で切った木に合わせて同じ長さで切り出す。即席ならこれで使ってしまう手もある。

3

箸の先端を削る

主に何を食べるための箸かを想像しつつ箸先を少しずつ削る。削り方は麺類なら角箸、オールマイティーなら丸箸がおすすめだ。

4

箸の持ち手部分を仕上げる

箸の持ち手側の切り口の面取りをする。こうすることで樹皮がすぐに剥がれることをおさえてくれ、かつ見栄えもグンとよくなる。

笹の箸

1

笹を切り出す

笹の太さがそのまま箸の太さになるので、好みの太さの笹を慎重に探そう。太すぎると中空になってしまうので注意が必要だ。

2

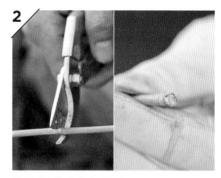

箸先部分を先に切る

笹はストロー状になっているので、ただ切ってしまうと穴に食材が詰まってしまう。箸先は笹の細いほうの節を残して切る。

3

長さを決め、揃えてカットする

木の枝を使った箸と同様に、使いやすい長さを決めて切る。剪定バサミを使えば笹は2本一緒に切れる。

4

箸の先端を削る

これも木の枝を使った箸と同様に、削り出したら完成。

COLUMN

一生使える箸

竹を使った箸づくりはより好きな形状に仕上げることができるのでおすすめだ。特に冬の満月、または新月のときに切った竹は長持ちするとされているので、その竹を入手できれば一生物の箸をつくることができる。写真は僕が10年以上前につくった箸。

オブジェをつくる

オブジェづくりはツールナイフを活用したさまざまな技術も入っているので是非つくってみてほしい。

チマチマ
楽しむのに
最適のクラフト

1

胴体のパーツを切る

枝分かれがたくさんあり、さまざまな太さが入り交じっている木を入手する。胴体として、直径2〜2.5cmの太い木を5〜6cm程度の長さで1本切り出す。

2

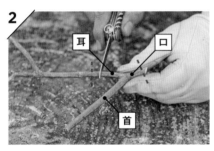

耳　口　首

頭のパーツを切る

枝分かれ部分をY字上部の直径が5mm程度で一方が長めのY字に1本切り出す。Y字の下部は口、上部は耳、反対側は首になるように切っていく。

3

足としっぽのパーツを切る

直径5mm程度の細い枝を4〜5cm程度の長さで4本（足）。さらに細い枝（直径2〜3mm程度）を2〜3cm程度の長さで1本（しっぽ）切り出す。

POINT

全体のバランスを確認する

パーツを並べてみて、全体の大きさのバランスを確認する。サイズと長さは完成品の比率の問題なので自分が好きなように切り出してみよう。

4

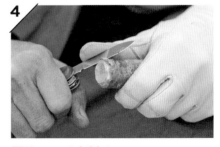

胴体のフチを削る

1のカット面の面取りをナイフで行う。

5

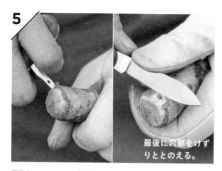

最後に穴部をけず
りととのえる。

頭としっぽを差し込む穴を空ける

ツールナイフのキリパーツで、首、しっぽの部分
に穴を空ける。穴は深めに空けておくと調整しや
すい。首部分は斜めに穴を空けておく。

6

先端を削り差し込む

首部分が胴体にはまるように、ナイフで削って太
さの調整をする。ナイフで削る際は、何度も穴に
はめ込みながら少しずつ調整をしていく。

7

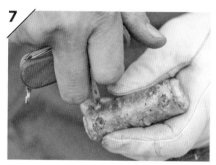

足を差し込む穴を空ける

5と同様に、ツールナイフのキリパーツで動物の
足4本分の穴を空ける。

8

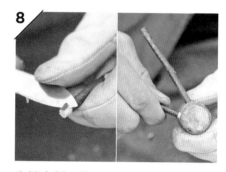

先端を削り差し込む

7で空けた穴に合わせて、**6**と同様にナイフで足の
先端を削り太さを調整する。

9

足の長さを調節する

胴体に実際に差し込んでみて足の長さがそろって
いるか確認する。調整が必要そうならカットし、
調整がうまくできたら面取りする。

10

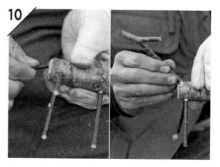

しっぽと頭を差し込む

すべてのパーツを差し込んで完成。

ポットクレーン／ハンガーをつくる

枝の形を生かして加工。組み合わせて便利な焚き火用道具に。

ポットハンガー
パーツA
パーツB
パーツC
ポットクレーン

一度はつくりたい
焚き火道具

焚き火を有効に使うための道具で、吊すための機能がある鍋を吊したりするためのもの。ポットクレーンとポットハンガー2つでひとつの役割を果たす。ポットクレーンは鍋を吊すための土台部分。

ポットクレーン

1

パーツAをつくる

まっすぐで最太部の直径が5〜8cm程度の木を探し、2m程度の長さで切り出す。このパーツがポットクレーン作成のメインパーツになる。

2

先端を斜めに削る

1で切り出した木の細いほうを先端に決め、この部分を斜めに削る。削る際は、一度木を置いてバランスを確認し、上を向いた面を削るようにする。

3

パーツBをつくる

Y字の形の素材を切り出す。このとき、Y字上部はパーツAを支える部分になるので丈夫な物を探す。Y字の下部は後で調整できるように長めに切る。

4

パーツCをつくる

枝分かれを活かして、レの字に素材を切り出す。レの字を上下逆にしたとき、長いほうは30cm程度に切り、先を削り地面に入れやすいようにする。

5

ABCを組み合わせる

ポットクレーンは後で2kg程度の重さがかかる。その重さに耐えられるようにしっかりとくい打ちなどをしよう。焚き火で仮組みをすると確実だ。

POINT

パーツは長めにつくる

ポットクレーンを組みあげる際は高さの調整が肝になる。すべてのパーツを想定よりも長めにつくっておき、地面に深く打ちつけて調整するようにする。

ポットハンガー

ポットクレーンに引っかけて鍋を吊るすパーツ。
なるべく簡単につくれるように枝分かれを活用す
るつくり方にアレンジしてみた。

レの字の形に素材を切り出す

枝振りを活かしてレの字のまっすぐな部分が30〜
40cm程度取れるように切り出す。枝分かれの部
分は鍋類を掛ける場所になる。

調節位置を決める

鍋を掛けたときに高さを調整するためのはめ込み
位置を決める。最低限強火と弱火の2段階決めて
おけば使いやすい。

切り込みを入れる

2で決めた調整用の位置にノコギリで切り込みを
入れる。切り込みは、レの字を上下逆に置き、枝
分かれが出ている逆側に斜め下に入れる。

固定

切り込みを削り仕上げる

3で入れた切り込み部分を削り、ポットクレーン
の先にかかりやすく加工する。削る際は、木を腹
で押さえてナイフを両手で使うと楽だ。

POINT

切れ込みの深さは
半分まで

トライポッドをつくる

重たい鍋でも吊すことができるトライポッド。
強度のある木とロープの結び方が重要。

場の見映えが
グッと上がる！

動画でチェック！

トライポッドは、木でつくった大きなカメラの三脚のようなもの。鎖とS字フックを活用
して鍋や肉を吊して火にあてたり、飛び出た枝にランタンを掛けたりと便利かつ場の見栄
えがグッと上がるので僕がフィールドで必ず製作する焚き火グッズだ。好みで高さやサイ
ズが変わるが、僕が好きなサイズ感のつくり方を紹介する。

1

長さを揃える

腐っていなくて、長さ3m以上で太さが直径5〜
8cmの木を3本探す。可能な限りすぐに折れずに
丈夫で、焼けにくい雑木（広葉樹）がベストだ。

2

適度な長さに切る

長さはおよそ2.5m程度に切りそろえ、不必要な枝
を切り落としておく。あまり枝を落としすぎると
物掛けに使いにくくなるので適度に残す。

3 はさみしばり①

巻き結びをする

木を下部でそろえ、木を下に挟む等して上部を浮かせる。上部から約50cm、3本ある木の真ん中に巻き結びをする。ロープ短辺は30cm残す。

4 はさみしばり②

互い違いに編み込む

ロープの長いほうを、巻き結びが絞まる方向で編み込んでいく。編み込み方は3本の木を上、下、上、下…と繰り返し、締めながら何往復もする。

5 はさみしばり③

木の太さの半分強まで編見込む

4の作業は、3本の木が緩まないように毎回締め上げ、かつロープをそろえて継続する。終わりの目安はおおよそ木の太さの半分程度くらいまで。

6 はさみしばり④

ロープを縦に巻いていく

3本の木の間2カ所を、2〜3周程度縦にキツく巻いていく。この締め上げで最終的に締め付けが強くなり、かつ三脚にするときの可動部分になる。

7 はさみしばり⑤

末端処理

巻き結び時のロープの短いほうと結びをしていた長いほうのロープをしっかりと結んだら完成。余ったロープは束ねておくと次回も余裕を持って使える。

8

強度とバランスの確認

トライポットの下部を広げながら立てて焚き火の上に設置する。高さと三方のバランスを調整後、自分がぶら下がるなどして強度とバランスを確認する。

9

必要に合わせて足を切る

実際にトライポッドを立ててみて、高すぎる場合は3方の足をノコギリなどでカットする。多少の長さの違いは足の広げ具合で調整が可能だ。

⌇ 木で皿をつくる

ハンドアックスを使って丸太を加工。ナイフで表面を滑らかにすれば、すぐにお皿の完成。

> ハンドアックスの
> 練習にも最適！

丸太を切り出す

太さが直径10〜20cmの腐ってない木を探す。刃物使いになれないうちは針葉樹がおすすめ。見つけた木を、好きな長さで玉切りにする。はじめは20〜25cm程度が加工がしやすい。

2

ハンドアックスの背を使い割る

ハンドアックスの刃を中心に当てて食い込ませる。その状態で上下を逆にして、バランスを取りながらハンドアックスの背を叩きつけて割る。

3

割った木の曲面部を割る

半分になった素材の曲面部をハンドアックスなどで割り、皿の形にしていく。広い面が皿面になり、ここで割った面が下になる。

4

表面を削る

皿上部が平らになるように、ナタやナイフで削る。また、側面の樹皮なども削り、皿として使える程度まで仕上げていく。

5

皿のバランス調整をする

完成した皿を実際に置いてみて大きながたつきがないか確認をする。がたつきが大きい場合は削って調整をする。

S字フックをつくる

使わない鍋などの調理器具やナイフをかけておいたりと、何かと便利な道具だ。

物もなくさないし
見映えもバッチリ

ナイフ技術と
ロープワークを駆使

ちょっとしたナイフの技術やロープワークが必要になってくるが、慣れれば量産可能だ。うまくできると日常使いもできるので挑戦してみよう。

1

V字にカットする

Y字の下部を切り、V字になるように枝をカットする。V字の片方は3〜4cm程度に、もう片方は8〜10cm程度に切る。これを2つ切り出す。

2

つなぐ箇所を加工する

はじめに枝分かれがある側にノコギリで切り込みを半分まで入れて、切り込みの深さに合わせて半分に削る。この作業を2つとも行う。

3

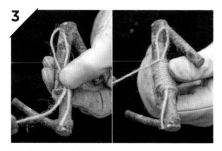

外掛け結びをする

2のパーツをZ型に合わせて結ぶ。結びはじめは麻紐を巻く部分に長めに一往復置く。その後、末端を残してきつめに巻いていく。

4

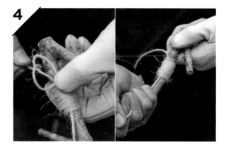

麻紐をきつく締め上げる

3で巻いた麻紐の末端をはじめにつくった輪の中に通す。その後、はじめの末端を強く引いて、輪の部分を巻いた部分に食い込ませる。

弓と矢をつくる

森の中にいると、思わずつくりたくなるのが武器。子どもの頃のワクワク感を思い出して弓矢をつくってみよう。

遊び以外の
用途には
使用しないこと！

※決して人に向けてはいけません。安全面には細心の注意を払いましょう。

弓をつくる

1

素材を見つける

なるべく生木に近くてよくしなる木を見つける。乾いた木だとすぐに折れてしまうので、事前にしっかりとチェックをしておこう。

2

長さを決めて切る

バランスよくしなる位置を探しながら、ノコギリで1.2〜1.5m程度の長さに切る。

3

両端に溝をつくる

弦が縛りやすいように両端とも端から1cm程度の所に溝をつくる。はじめにノコギリで切り込みを入れ、切り込みの上下からナイフで削る。

4

弦を張る

丈夫で細い紐を弓に縛りつける。はじめに一端をクローブヒッチで縛ったら結んだほうを地面側にする。

5

もう片方も結び張る

弓をしならせた状態で反対側も解けないように縛る。このとき、ノコギリで入れた溝にロープが引っかかるようにするとよい。

104

矢をつくる

6

笹を切り出す

矢となる笹を切り出す。なるべく太くてまっすぐ
な笹を60〜70cmで切り出す。

7

葉をとる

笹についている葉をすべてとる。笹の葉を持ち、
引き下ろすだけですぐに葉をとることができる。

8

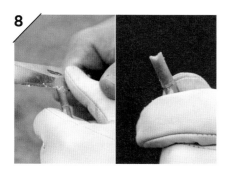

溝をつくる

笹の太いほうに、弦がかけやすいようにV字に切
れ込みを入れる。このとき、手を切らないように
注意する。

9

先端を削る

矢の先になる先端部を削り、加工する。また、矢
がまっすぐ飛ぶように曲がりがひどい部分も手で
曲げ直したり削ったりして調整する。

┤ TRICK ├

より弓矢の威力を強力にするには？

弓矢をつくったものの、思ったよりも威力が弱かっ
たり、逆に強すぎて飛ばせないという場合がある。
大概の場合は、弓本体のしなり具合に原因がある。
そんなときは、弓の両末端を薄くなるように削り、
弓の中心から上下がバランスよくしなるように調整
してあげればいい。当たり前だが、完成した弓矢は
遊びの範囲でのみ使用すること。

⁝ テーブルをつくる

木を並べて打ち込むだけでつくれる、据え置き型のミニテーブルだ。

生活レベルが
一気に上がる!

飲みかけのウィスキーが入ったシェラカップにちょっとしたつまみ、そしてカッティングナイフ……。これらを置ける小さなテーブルが焚き火のそばにあれば、そこは快適なリビングに早変わりだ。

1

材料となる木を集める

なるべくまっすぐで直径2〜3cm程度の太さの木を集める。木を集めたら杭用に4本、欲しいテーブルの幅+3cm程度の木を2本切り出す。

2

木をテーブルサイズに合わせて切る

木を欲しいテーブルの長さに合わせて切り出す。切り出す本数は、1で切ったテーブルの幅用の長さ分並べられる数を計算する。

3

杭の先を削る

1で切った杭用の木4本の先を、後で打ち込みやすいように尖らせる。まっすぐ刺さるように円錐型に近い形にするのが望ましい。

4

テーブルを組みあげる

踏みならした地面に1のテーブルの幅用の木2本を置き、天板用の木を並べた後、写真のように杭を打ち込んで動かないようにしたら完成。

ピンチをつくる

お菓子やコーヒー豆の袋などは、空いた口をクルクルたたんでピンチで挟めばしっかりと保存することができる。

1

クラフトで
さりげなく
食品保存

長さを決めて切る

太さが直径1〜1.5cmで、なるべく生木に近い木を入手する。乾燥しきった木は、加工中に割れてしまうの注意。ノコギリなどで6〜8cmの長さに切る。

2

バトニングで切れ込みを入れる

片側の断面の中心に刃を当てて、薪割りのように割れ目を入れる。割れ目は木の半分程度で止める。力を入れすぎると完全に割れるので注意。

3

外掛け結びをする

2で入れた木の割れ目がこれ以上進まないように、割れ目の内側部分をS字フックと同じ外掛け結びをする。

POINT

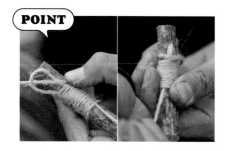

外掛け結びはキツくが肝

外掛け結びは、はじめの巻き付けをしっかりと締め上げるのが肝になる。そうすれば写真の様に仕上げるだけでしっかりと絞まる。

4

面取りをする

そのままでも使えるが、少し見栄えを整え、樹皮がすぐに剥けるのを防ぐために、両断面をナイフで面取りをする。

ナイフで "ゼロ" から
創造する楽しさ

クラフトワークは人類が誕生してから行われているクリエイティブな作業で、小さな道具から乗り物、建物まで、人々の暮らしを次々と便利で安全なものに進化させてきた。

石器の刃物が誕生してからはクラフトワークの文明開化が起きた。大きな木を倒し、植物の繊維を裂き、削り、組み合わせ、編むなどして生まれてきた暮らしの道具たちは、人類の進化、そして今人類が生き残っていることに大きく貢献してくれているのは間違いないだろう。

ブッシュクラフトにおいてのクラフトは、ハンドドリルや丸鋸、チェーンソーなどさまざまな便利なツールを使えば完成度も高く短い時間で製作をすることが

できるが、そうではない気がする。

ブッシュクラフトは、最もシンプルな道具で、フィールドに存在していなかった暮らしの道具をこの世に生み出すことに楽しさがあるのだ。僕も普段はさまざまな電気工具を活用してキャンプ道具や日用品などを製作しているが、フィールドに入ったときはなるべくシンプルな道具でものづくりを楽しんでいる。

ナイフやナタ、ハンドアックスは、使いこなせばカンナにも、ハンマーにも、ノミにも、キリにだってなる。これらの技術を駆使して、焚き火の前に座り、人類誕生から脈々と受け継いできたクラフトワークの世界をじっくりと堪能してみてほしい。

Step 4

焚き火と料理。 🕐 17:00-19:00

ブッシュクラフトの最大の楽しみといえば、

焚き火と料理といっても過言ではない。

よく育った最高の焚き火を火力に、

シンプルな調理法でじっくりと時間をかけつくり、

できあがったものからゆっくりと食べていく時間の贅沢さといったら

これ以上の幸せはきっとないだろう。

焚き火料理は
火加減とタイミングが肝

焚き火は、着火から火を育てるまではまるで子育てのようだ。焦ったりほっときすぎても失敗する。ほどよく手を掛け、焚き火がなりたい姿になれるようにじっくりと向き合うことが大切だ。そのためのはじまりである着火はもっとも緊張感が高まる瞬間だ。

そして、料理はまるで人生のようだ。調理工程だけはシンプルなのに、火加減とタイミングをちょっと間違えれば散々なものになってしまう。でも、タイミングさえ逃さなければ最上の料理が胃袋の中に飛び込んできてくれる。

これから紹介するのは僕が大好きな焚き火料理ベスト４で、挑戦しやすいものばかり。これができたら、オリジナルの道を楽しんでほしい。

着火の方法はさまざま

自分が好きな方法で、<u>好きなように着火</u>すればいい。

　焚き火の着火方法は、ライターやマッチの他にも色々な種類がある。火花を飛ばして着火する火打ち石やメタルマッチ、電池や虫眼鏡を使った方法、そして昔ながらの着火方法など、国や地域、気候や自然環境でさまざまな方法が生まれている。

「メタルマッチや火打ち石で着火しないとブッシュクラフトではない！」などといったことは決してない。自分が好きな方法で、好きなように着火すればいい。ここからは僕が好きな着火方法と知っておいてほしいものを紹介する。

もしものために
着火用バックアップを装備
防水マッチやライター、ガス式トーチなどは、悪天候時の強い味方だ。乾いた火種さえ用意できれば、どうにか焚き火ができる。

濡れても着火できるメタルマッチの使い方

メタルマッチは、たとえ濡れてしまっても火花を出すことができる特性がある。また、小さな火の元をおこし、それをだんだん大きな火に育てていく工程は病みつきになる面白さだ。

1

火種をセットする

火種になるものを乾いた葉っぱや樹皮の上にセットする。火種は自然物なら乾燥した針葉樹の木やシラカバの皮を鰹節のように薄く削ったものがいい。

2

火花を火種に飛ばす

メタルマッチの棒の部分をストライカー（削るほう）で根元から先まで強く擦り、火花を火種に飛ばす。はじめは対象物に火花を当てるのに苦労する。

3

火を大きくしていく

無事に火花が火種に当たり小さな火がおきたら、小枝などを足していって火を大きくしていく。足していく物は良く乾燥したものにするといい。

POINT

メタルマッチは慣れが必要

メタルマッチは、初めのうちはなかなか火をつけられない。そんなときは連続で何度も擦ると成功率が上がる。

古式着火方法も基本は同じ

理解すべきは「摩擦」で着火させるためのポイント。

　自然の素材と知恵だけで着火するという昔からある着火方法がある。キーワードは「摩擦」「スピード」「材料」の3つ。これを理解すれば練習次第で火をおこすことができる。

　これから紹介する3つの方法は、どれも摩擦で加熱された火種を大きくして、それをほぐした麻紐などの燃えやすい物で包みフーッと何度か吹いて火をおこす。これを理解しておけば、あとは体力勝負で挑戦あるのみだ。シンプルだけに成功したときの達成感は何よりも大きい。

きりもみ式発火法

木の棒を回し、板に擦りつけて火種をつくるシンプルな方法。これにはかなりの練習とコツが必要だ。

用意する物

●火きり棒
直径10mm、長さ80cm程度のまっすぐな棒。乾燥していて中空になっているウツギやアジサイがおすすめ。なるべくまっすぐに削るなど加工をしたほうがよい。

●火きり板
スギやヒノキの厚さ10mm程度の板に、V字の切り込みとV字の根元に凹みをつけたもの。切り込みの下に火種が落ちてくる。

1

火切り板の下に乾燥した葉っぱなどを敷く。

2

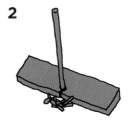

火切り棒を火切り板の切れ込みに置く。

3

火切り棒を両手で挟み、下のほうに力を入れながら手を擦るようにして火切り棒を回していく。

4

火切り棒を回していて手が下まで移動したら、すぐ手を上に戻して**3**を繰り返す。

5

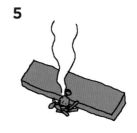

火切り板の下に溜まった火種を大きな火に育てる。

﹛弓きり式発火法

弓きり式は、きりもみ式にギミックをつけてより火おこしをしやすくした発明品。弓を使って火切り棒を回転させ、ハンドピースで火切り棒を下に押しつける。

用意する物

●**火きり棒** ●**火きり板** ●**弓**
弓は長さ40cm程度で、弓なりになった木の枝や竹、ハンガーなどなんでもいい

●**紐**
弓につける紐。弓につける際は、火切り棒を1周巻いても少し余裕がある程度にする

●**ハンドピース**
火きり棒を下に押しつけるための道具。平らな板で、火切り棒がフィットするように少しくぼみをつけておく。

1

火切り板の下に乾燥した葉っぱなどを敷く。

2

火切り棒につくった弓の紐を1周巻きつける。

3

2でセットした火きり棒を火きり板の切れ込みに置く。

4

ハンドピースを火切り棒の上にセットし、下に押しつけながら弓を前後に素早く引き続ける。

5

火切り板の下に溜まった火種を大きな火に育てる。

﹛のこぎり式発火法

竹と竹を擦った摩擦で火種をつくる方法。乾燥した竹があれば挑戦できて手軽だが、パワー命の着火方法だ。

用意する物 ●**乾燥した竹** 直径は10cm程度で、自分の肩幅くらいの長さ

1

竹を半分に割る。半分に割った竹の一方が火きり棒、もう一方が火きり板の枠割りを果たす。

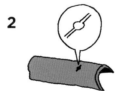

2

火切り板をつくる。竹の上部中央にナイフで穴を空け、ガイド用に横に切り込みを入れる。

3

火きり棒をつくる。もう一方の竹の切り口の皮をナイフで削り落とし、少し薄くしておく。

4

火切り板の穴のちょうど下に乾燥した葉っぱを敷き、ほぐした麻紐などを多めにセットする。

5

火きり棒の削った側を火切り板の溝に当て、何度も強く下に力を加えながら擦りつける。

6

火切り板の穴の下にしっかりと火種が溜まったら大きな火の育てる。

Step4

17:00-19:00

焚き火料理は圧倒的に美味い

<u>煙に燻されることで</u>ただ焼くよりも美味しくなる。

　焚き火で料理をすれば、何でも美味い！焚き火という環境が炒め物でも煮物でもなんでも美味しく感じさせてくれる。特に炙り物は、薪が醸す煙で燻されてただ焼いたよりも圧倒的に美味い料理になってくれるのだ。

　難しいことは抜きにして、まずは焚き火で湯を沸かし美味しいコーヒータイムを過ごしてみてほしい。それだけでも十分に幸せな時間を過ごせるはずだ。そしてさらに料理に必要な火力を理解して、旨い焚き火料理の世界に入っていってほしい。

火をおこしたらまずは
コーヒータイムを

火をおこしたら、まずはゆっくりとコーヒータイムを過ごして欲しい。自然とチューニングする儀式のような大切な時間だ。

料理に最適な2つの火

　焚き火料理をするには、大きく分けて2つの火の種類を知っておけば大丈夫だ。あとはその火の火力を強くしたり弱くしたりと調整さえすればどんな料理でもできてしまう。

　ひとつ目は遠赤外線。太めの薪に火を移し、炭のように炎は出ていないが赤く光っている状態の焚き火で料理をする方法。いわゆる炭火料理に近いので遠赤外線も出て焼き物が美味しくできる。この状態にするには時間がかかるデメリットもあるが、熱が必要な料理は全て可能だ。

　ふたつ目は、焚き火の炎を活かして料理をするベーシック方法だ。大きな火なら強火だし、小さな火なら弱火になる。火力調整が目で見てわかるので入りやすい。それに火をおこしてからすぐに調理に取りかかれるというスピーディーさも特徴のひとつだ。

　火力調整だが、慣れるまではなかなか難しく感じるかもしれない。これは、熱源と焼きたい物の距離を調整することでクリアできる。距離が近ければ強火で、距離が遠ければ弱火など調整は無段階だ。

遠赤外線で料理

食材を直接熱に当てる炙り物や焼き物はもちろん、調理器具を使った料理にも向いている。

焚き火の炎を活かして料理

食材に直接火が当たらないフライパン、鍋などを使った料理に適している。

117

焚き火串焼き3種盛り

究極かつ最高の焚き火料理は串焼きだ。
色々な組み合わせを探してオリジナルをつくってみよう。

長めの笹串を
つくって焼こう！

118

材料（各2本分）

A **牛・タマネギ串**
　牛ステーキ肉（厚め）……… 200g
　タマネギ小 ………………… 1個
　粗塩
　粗挽きコショウ
B **カマンベール・ベーコン串**
　カマンベールチーズ ……… 100g
　ベーコン（フルサイズ）4〜6枚
C **鶏・ミニトマト串**
　鶏胸肉 …………………… 200g
　ミニトマト ……………… 4〜8個

作り方

A 牛ステーキ肉を一口大に切る。焼くとひと回り小さくなってしまうので、食べたいサイズよりも少し大きめにカットする。タマネギを半月切りにする。軽塩、コショウを適度にふって下味を付ける。

B カマンベールチーズをベーコンの幅に合わせて長方形に切る。切ったカマンベールをベーコンで巻く。

C 鶏肉を一口大にカットして塩コショウで下味を付ける。ミニトマトは串に刺したときに割れないように注意する。

焼き方

焼きすぎると肉がパサパサになってしまうので、焦げない程度の低温〜中温で焼く。牛肉の串はタマネギに火が通ったら完成。

牛ステーキ＋タマネギ

タマネギは縦半分に切った後1.5 〜 2cm程度の幅で、繊維を断つ方向で切る

タマネギを串に刺したときに割れないように注意する。

カマンベール＋ベーコン

チーズがベーコンの幅からはみ出ないように。

ベーコンに火が通る程度までじっくり弱火で焼く。

鶏胸肉＋ミニトマト

入手したミニトマトよりも少し大きめに切るのがコツ。

鶏肉にはしっかりと火を通したいので、少し間を空ける。

Recipe 2

失敗しない焚き火炊飯

シンプルながら失敗しがちな炊飯。
ポイントをしっかり押さえて旨いご飯を炊こう。

> 日本人の
> ベースフード
> 「米」を焚き火で！

🍳 材料 (4人分)

米 ……………… 2合 (必要量でOK)
水 …………………………… 430ml
　(米の量に対して1.1~1.2倍)
※米は無洗米でもよいが、個人的には
　通常のお米が好き。

作り方

1 米を食べたい量分だけ入れる。(飯ごうは最大4合まで)

2 はじめに飯ごうの半分程度まで水を入れたらそのまま流してしまう。2回目からは水を半分程度まで入れたら蓋をしてお米が割れない程度の強さで10〜15回程度よく振り流し出す。数回くり返したら最後にお水を9分目まで入れて振らずに流し出す。

3 強火で飯ごう内を沸騰させる。沸騰後は焚き火を弱火にして10分炊けば完成だ。あとは飯ごうを火から下ろして10〜20分蒸らせばいい。火から下ろしたら炊き具合を確かめ、まだならまた火にかける。

飯ごうは中蓋のすり切り一杯が2合になっている。水の量は大人の指の第一関節程度。

今回は飯ごうを使用したが、鍋はフタができればなんでもいい。

Recipe 3

12時間炙り豚バラ

焚き火と豚バラにどれだけ向き合えるかが重要。
完成すれば肉の旨味が凝縮された絶品が待っている。

焚き火料理究極の
贅沢奥義が
炙り豚バラだ

材料(4〜6人分)

豚バラ肉	1kg
ニンニク	適量
塩	適量
コショウ	適量
ローズマリー	適量

作り方

1. 豚バラにフォークなどを刺してたくさん穴を空け、大きめのジッパー付き袋に入れた豚バラ肉にすりニンニク、塩、コショウ、ローズマリー、その他好みの調味料を強めに入れ、よく揉み込む。

2. S字フックなどを活用してぶら下げ、遠火でじっくりと炙る。熱よりも煙が強めに当たる炙り方をイメージするとうまく仕上がる。

3. 肉にほどよく火が通り始めると縮んでくる。縮み具合を見ながら肉の上下、そして表裏をときどき返す。ときどき切れ込みを入れて焼き具合を確認する。

4. 豚バラの脂が落ちて炎が上がることがある。上がった炎で肉が焦げないように注意しよう。

ジッパー付き袋などを活用するのがおすすめ。

直接火に当ててしまうと焦げてしまうので、かならず遠火にすること。

Recipe 4

関西風焚き火すき焼き

ビールと白米がすすむ最高のメニュー。
肉とネギを焼くだけでウマさ抜群の仕上がり。

ササッとできて、
絶対に旨い！

🍲 材料（1〜2人分）

牛肉すき焼き用 …………	150〜300g
牛脂 …………………………	適量
長ネギ ……………………	1/2本
卵 …………………………	1〜2個
砂糖 ………………………	適量
醤油 ………………………	適量

作り方

1 長ネギを輪切りまたは斜め切りにする。

2 しっかりっと熱したフライパンに牛脂を落とし、よくなじませる。

3 しっかりとバラした牛肉を、一枚ずつ敷き詰めるようにフライパンに並べて片面を焼く。

4 片面が焼けた牛肉を全てひっくり返したら、肉全体に砂糖を多めにかけ、その上から醤油を全体にかける。

5 肉に火が通ったら、別の入れ物に入れた溶いた生卵につけて食す。

6 食べ終わって肉汁と砂糖醤油が残ったフライパンに長ネギを入れ、火が通ったら同様に食す。

太さはすぐに火が通る5〜8mm程度がおすすめ。

牛脂の半分程度まで溶かし、残りは上げてしまう。

焦げないように火加減に注意。

砂糖は多めにかける。

生水は必ずしも安全ではない

水の確保は最重要事項。浄水器使用に慣れておこう。

　水の確保は、人が生きる上で最も重要な要素であることは皆さんもご存じだろう。日常生活、キャンプやサバイバル状況下においても、飲用、調理用、洗面用など水の確保はなによりも優先したい。

　飲める沢水、飲めない沢水なのかの見分け方はいろいろあるが、体には個人差があるし、生水で飲んでも絶対に大丈夫とは言い切れない。僕個人はベネズエラのギアナ高地で生水をゴクゴク飲んでいたが未だに無事だ。でもそれを勧めるべきではないと思っている。

　キャンプ場に水道があれば活用すればいいし、自宅からポリタンクで持ち込んでもいい。どうしても水の確保が難しい場合や、使ってみたい人は浄水器の使用を試みてみるのもいいだろう。

浄水器の注意点

　浄水器は多種多様にあり、機能も能力もさまざまだ。自分の趣向にあったものを選ぶといいだろう。ちなみに僕はSAWYERというメーカーの浄水器を愛用している。浄水の方法は、他にも薬品を利用する方法などがある。

> **MEMO**
> ### 水の入手と使用は慎重に
> フィールドに入ると、地域によって飲める、飲めないなどの情報もあるので聞いてから入手するようにしよう。また、浄水器を通した水はあくまでも自己責任で使用しよう。

気をつけること

自然の水にはエキノコックスなどの病原微生物や有害物質が含まれていることがあり、時に死に至る場合もある。次の水は絶対に避けるようにしよう。また、浄水した水でも、可能な限り煮沸してから飲用にすることをおすすめする。

- 上流付近に家畜施設や産業廃棄物施設などがある
- たまり水
- 濁った水
- 温泉が流れ込んでいる水　など

浄水器の使い方

1

浄水器に水をセットする

水くみ場の環境が安全だと判断したら、なるべくフレッシュな水を浄水器にセットする。水を汲む際は、不純物の浮遊や濁りが少ないかなどを確認し、ベストな場所を探すようにしよう。もちろん、水汲み中の転倒には注意が必要だ。

2

浄水作業を行う

器具によって使い方はさまざまなので、その使用に従って浄水作業を行う。使用中は、浄水器にゴミや汚れが付着しないように気をつけ、使用後は浄水パーツのクリーニングも忘れないように。

闇に飲み込まれた話

人生で一度だけ"闇"に飲み込まれたことがある。それはアフリカのジンバブエとモザンビークの国境付近にある、人があまり来ない国立公園をトレッキングしていたときに起きた。この国立公園内は、テント泊、焚き火と火器はNGで、寝るときは岩が飛び出て屋根になっている場所を利用し、料理はそのまま食べられるもののみ持ち込めるルールになっていた。唯一許されていたのはなぜがロウソクの使用で、これだけは持ち込みができたので現地で入手した。

国立公園内を歩いて4日目位に、僕は道に迷ってしまった。入手した地図も絵地図のような物だけだし、地形はわかりにくいし、気づけば完全に自分がどこにいるのかわからなくなってしまったのだ。

道に迷って2日目の夜、月はなく、雲に覆われた空は漆黒そのもの。周囲

10km以上はおそらく誰一人もいない環境下で、不安も相まって闇に完全に飲み込まれてしまったのだ。

闇に飲まれると何も見えなくなる。次に音が消えて耳鳴りが始まる。そして方向感覚すらなくなり、恐怖に包まれてしまう……。ヘッドライトやロウソクはあったが、そんな明かりでは広大な自然の中においてないにも等しい明るさに感じた。

もしも焚き火をしていたらどれだけ心癒され、そして暖も暖かい食事もとれただろうか? そうすればきっと平常心に戻れただろう。焚き火をする度にいつも思い出す苦い思い出だ。

野営と撤収 🕐19:00-

最終章では野営の際のハウツーと、

撤収時のコツ・注意点を紹介する。

なるべく効率よく、かつスマートに撤収する方法を心得ておきたいものだ。

また、次のキャンプへ向けた、

自宅で行う道具のメンテナンス方法も紹介しておく。

撤収時は
「立つ鳥跡を濁さず」を
心がける

　野営のクライマックスは就寝だ。自然との最大距離はナイロン生地1枚という、最も自然に近い場所で寝られる最高のシチュエーションを存分に味わってほしい。

　天気がよくて虫や動物の被害がなさそうなら、焚き火の前で星でも見ながらごろんと寝てしまうのも格別だ。ただし、自然の中で過ごす以上やらなければならないことと、気をつけておかなければいけないこともあるのでしっかりと理解しておこう。

　また、撤収時は「立つ鳥跡を濁さず」のごとし。糞や食痕を残す野生動物以上に、足跡意外は何も残さずフィールドを後にしてほしい。人間は野営をするにはどうしてもたくさんの道具が必要になるため、その撤収方法や帰ってからの道具メンテナンスも大切だ。

安心安全に寝るための注意点

野営時は、快適さだけではなく安全面にも配慮が必要。

暖かい寝袋と雨よけさえあれば、燻された香りとともにあっという間に夢の中へ行くことができてしまうのがブッシュクラフトのいいところ。ただし、設営スタイルによっては自分が自然に対して無防備な状態になっていることを考えれば、就寝前にはいくつか注意したい点がある。しっかりと対策をとっておくようにしよう。酔っぱらって寝落ちなどしないように！

❶ グランドシート

最もシンプルな野営方法をするとき、絶対に欠かせないのがグランドシート。地面からの直接的な湿気と冷気を防いでくれるので、結果的に暖かく睡眠できる。

❷ バックパック

バックパックや衣類の配置と保管方法はいつも悩みどころ。バックパックは木等に立て、その中に防水袋に入れた衣類を入れる。起き上がったらすぐに使える足下配置が好きだ。

❸ 小物の整理と配置

なくすと困る物や調理器具、そしてライトやナイフなどは、寝たまますぐに手が届く場所に配置するといい。場所が決まっていれば道具で無駄な怪我と時間の浪費を防ぐことができる。

寝るときの心得

明かりはすぐ手元に

暗がりの中で何が起きるかわからない。また、暗いうちに再びトイレになんてことも多々ある。そんなときに必要な明かりはすぐに手に取れる場所に配置しておこう。ちなみに僕はいつもヘッドライトを首から掛けたまま寝ている。

野生動物に注意

フィールドでは野生生物にも注意を払わなくてはならない。クマなどに襲われないようにするのはもちろんだが、食べ残しや食材はかならず臭いが出ないように密閉して、テントやザックの中などに保管するように。

夏場の虫対策

春や秋もそうだが、特に夏は蚊などの睡眠妨害をする虫に悩まされることが多い。もしもタープの下でシンプルに眠りたいなら、コンパクトな蚊帳と蚊取り線香を併用したり、活動中は杉の葉を焚き火に投入して煙を少し出すのも効果的だ。

刃物類などの整理

刃物類は、必ず簡単に汚れを拭き取りケースにしまっておくこと。調理して出しっ放しで寝ていようものなら、寝返りついでに誤って触れてしまう可能性もある。また、朝起きて寝ぼけた状態で「ザクッ！」なんてことがないように！

夜露や雨の対策

晴れている日の夜は夜露が降る。そして寝ている間に急に雨が降ることだってある。翌朝起きたら薪や道具がビショビショになってしまったらおしまいだ。濡れたら困る物はすべてタープ下やテントの中に保管するなど工夫をしよう。

周囲の環境は安全か最終確認

設営前に大丈夫だと判断した場所も、半日自分の住処で過ごしてみたり、天気が変わってみると難点が見えてくることもある。改めて周囲の安全を確認してから就寝しよう。特に、雨天時の水の流れ道になっていないか？トゲのある植物が無いかなどは再確認しよう。

COLUMN

就寝時の寒さ対策

夜も更けて寝袋に入ったものの、寒くて眠れないなんてこともよくある。未然にそんな事態を防ぐには、想定気温よりも寒冷時対応の寝袋とマットの準備をしておくと間違いない。フィールドでは、ボトルで湯たんぽをつくり、そしてありったけの服を着て、地面からの冷気を防ぐための工夫をすれば快眠できる。

焚き火の後片付け

直火を楽しんだ以上、現状復帰は最低限のマナー。

炭の状態が露出したままの焚き火跡を
見つけると、残念な気持ちになる。

　焚き火の後始末は、ブッシュクラフトを楽しむ人としてもっともスマートに行いたい。ベストな焚き火は燃えさしが残らずすべて灰になった状態でキャンプが終わることだが、なかなかそういかないこともある。せめて、自然への感謝と同じ場所に来た人が嫌な気持ちにならないようにすることを心がけて後片付けをしよう。

焚き火の後片付け基本三箇条

その1	とにもかくにも完全鎮火！ 絶対に残り火で火事にならないようにする。
その2	キャンプ場を利用した場合は、その指示に従った片付けをする。
その3	指示がない場合は、灰や炭は可能な限り集めて 指定の場所へ捨てるか持ち帰る。

焚火の後始末例

CASE 1 : 石の火床

炭や灰を取り除く

残り火がある場合は水をかけるなどして完全鎮火させる。炭や灰はスコップなどで可能な限りきれいに取り除く。炭に関しては、どんなに小さくてもすべて取り除くこと。

火床に使った石の片付け

黒くなった石は火床だった場所によせて、「ここで焚き火しましたよ。お次の方どうぞ！」と引き継ぎ、次の人が気持ちよく使えるようにする。綺麗な石は元の場所に戻すのもいいやり方だ。

CASE 2 : 木の火床

火床の鎮火と掃除

炭や灰は鎮火後取り除く。残った太い火床用の木は、所定の処理または燃えさしを切って持ち帰る。

自然な状態に戻す

次来た人がまた自由なレイアウトで楽しめるように、周囲の清掃をして焚き火跡は元の状態に戻す。

CASE 3 : 穴を掘った火床（ダコタファイヤーピット）

火床を活かした鎮火と清掃

燃焼効率がよいので、完全に灰化させてしまう。灰化出来なかった場合は完全鎮火後スコップなどできれいに取り除く。

穴を埋めて原状復帰をする

次の人が気づかないくらい自然な状態になるように、穴を完全に埋める。落とし穴のようにならないように注意すること。

速やかな撤収は整理が肝

最後に撤収するのではなく、常に整理しながら撤収準備を進める。

　いよいよ最後に残ったのは自分の装備の撤収だ。装備類には、ナイフやクッカーなど帰宅後にしっかりと手入れをする必要があるものと、テントやタープ、寝袋などのように現場でしっかり乾燥させることができれば、よほどひどい汚れがないかぎり済んでしまう装備がある。好天ならば帰宅後の作業軽減ができるので、効率よく進めよう。

就寝前にある程度 整理しておく

もう使わない服や道具類をバックパックに収納しておく、もしくは収納しやすいように整理しておく。

速やかに撤収するためのコツ

寝袋などを干す

寝袋やシーツなどは寝汗やテント内結露などで湿っている。天気が良ければ、帰宅後の作業軽減のため樹間にロープを張るなどしてしっかりと干しておこう。

タープやテントを乾かす

タープやテントは、一見乾いているようで実は四隅のテープなどが湿っていることが多い。テントは特に底面を、タープは内側もチェックして完全乾燥を目指そう。

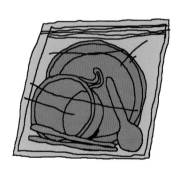

鍋や食器類の片付け

調理器具や食器、カトラリー類は、綺麗に洗浄しようとすると大量の水と洗剤が必要になる。水道がなかったり、浄水施設と繋がっていない流しの場合は家に持ち帰って洗うようにしよう。撤収時は、キッチンペーパーなどで綺麗に拭き、2重にしたビニールの袋に入れるなど他の物が汚れないようにするといい。

撤収日が雨の場合

雨天時などは、帰宅後にテントや寝袋などの乾燥作業を帰宅後に行うことになる。こんな日の朝はもううんざりだ……。

こうなったら気分を変えて、撤収に時間をかけるよりもどれだけ早く撤収を終わらせるかにシフトしよう。その場合は、濡れた備品の水分を軽く切って道具別にビニールの袋に収納し、小さく丸めてバックパックにギューッと詰め込んでしまうといい。

ビニール袋に収納する際は、テントならポール、布物、ペグは分けたほうが後で楽だ。車で帰宅する場合は、エアコンを効かせた車内でテントを軽く広げながら帰るのも手だ。

刃物のメンテにこだわる

ブッシュクラフトの根幹、刃物のメンテナンスは怠らないように。

　刃物はフィールドでよく切れないと意味がない。心的ストレスのほかに、力任せに刃物を使わないといけなくなるので大けがに繋がることもある。

　大切なのは用途に合わせた刃物選びと使った後のメンテナンスや研ぎ作業、そしてフィールドで刃を欠けにくくする刃のつけ方などがある。どこまでもこだわり抜ける世界だが、最低限の情報と技術だけは身につけておくといいだろう。

　刃物を研ぐときは、刃の角度と刃の形状が用途と強度に大きく関わってくる。購入時についていた刃の角度と形状を保つのもひとつの手だが、カスタマイズも面白い。まずは大ざっぱな基本的な構造と方法を体得しよう。

刃の角度は用途で変えるのが理想

刃の角度は、両刃や片刃問わず角度が浅ければ料理包丁のように鋭く、角度が深ければ欠けにくい丈夫な刃になる。そのため、ナイフの扱いおよび手入れに慣れてくると、自分好みの角度や刃の形状に研いで調整する場合がある。自分のスタイルに合わせてカスタムしたナイフは、どんなシチュエーションでも納得の相棒になってくれるはずだ。

代表的な刃先の角度

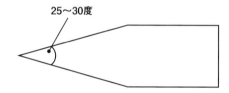

25〜30度

ヘビーデューティーな使用をする刃物向き。バトニングなど刃に負荷がかかる場合などに最適。

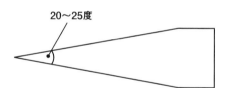

20〜25度

一般的なナイフや包丁向き。細かく薄く切り出したり、魚を裁いたりと繊細な作業がしやすい。

COLUMN

自分専用セミカスタムのナタ

　僕は片刃の角ナタをこよなく愛している。もとは熊撃ち猟師をしている師匠に言われてとりあえずホームセンターで買った、4000円弱の何の特徴もないナタだ。

　ナタは師匠に研げと言われ、30度のハマグリ刃に研ぎなおす。付属のケースはカタカタ鳴るので「今日買った」って情けないから自分でケースをつくれと言われてつくり、グリップも自分の手に合わせて削りなおした。

　イジメのような目にあった日々だけど、今ではどんなナタよりも手にフィットして、力作業、魚を捌くといった作業ができる相棒だ。

⦃ 刃の形状4選 刃の形状もさまざまで、刃物によっておおきく4種類＋1ある。

ホロウグラインド

ナイフの背から刃先にかけてくびれるようなカーブがあり、刃先1mm位に刃がついている。この刃の部分をセカンドベベルやマイクロベベルなどと呼ぶ。多くの刃がこの形状をしている

フラットグラインド

ナイフの背から刃先にかけては平らで、刃先1mm位に刃がついている（セカンドベベル・マイクロベベル）。ツールナイフや料理ナイフなどに多い形状。

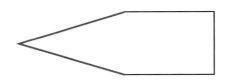

スカンジグラインド

ブッシュクラフト向けに販売されているナイフに多い形状で、厚めの刃の中腹から刃先にかけて平らに刃がつけられている。その他にナタや出刃包丁などもこの形状が多い。

コンベックスグラインド（ハマグリ刃）

刃先に向けて丸みを持たせている刃の形状。刃持ちがよく、比較的欠けにくいのが特徴。刃が分厚い手斧などに使われることが多い。ちなみに僕は片刃のナタをこの形状で研いで使うのが好きだ。

⌁ COLUMN

クラフトナイフやナタに見られる＋1の"片刃"

　ナイフは両面に刃がついている両刃が多い。両刃は刃の左右が対称なので、刃の食い込みもまっすぐで使いやすい特徴がある。

　両刃に対して、片面にだけ刃がつけられている「片刃」は、クラフト用のナイフやナタ、魚を捌くときに使う出刃包丁やノミなどがある。刃の強度は両刃のほうが強いが、切れ味がよく個人的には細かい作業から大きな作業までこなしてくれるように思う。刃厚があれば十分に丈夫なので気に入っている。

的確に使い分けたい砥石について

刃物の切れ味を最大限まで引き出すためには「研ぎ」の作業が必要だ。刃物を研ぐ際の砥石はさまざまな形状やスタイルがあるが、まずは初心者から熟練者までが使える水に浸けてから使う日本式の砥石を購入して研ぎの練習をすることをおすすめする。

砥石の種類

●日本の砥石
石を水で湿らせてから刃を引くように研ぐ

●西洋の砥石
石に油を付けて刃を押すように研ぐ

●簡単砥石
割れ目に刃を入れて引くように研ぐ

はじめに持っていたい砥石

砥石には番手といって、数字で石面の荒さが変わってくる。数字が大きければ目が細かい砥石になる。また、最近は人工砥石といって高価な天然石よりも買いやすく扱いも楽なのでおすすめだ。これから刃物研ぎに挑戦する人に僕がおすすめする番手は次の2つ

1000番（中砥）

切れ味が鈍くなったりメンテナンスをするときに使う。通常はこれをメインに使うことが多い。包丁などもこれで切れ味が十分回復する。

600番（荒砥）

手で触ってもわかるくらいザラザラしている番手。刃が欠けてしまったり、刃の形状自体を変えてカスタマイズしたいときに使う。

MEMO

番手はたくさんある

もしも仕上げをぴかぴかにしたい人は3000番（仕上げ砥）も購入するといいだろう。また、実際の荒砥、中砥、仕上げ砥にはもっとたくさんの番手がある。好みに応じて変えていくのも楽しい。

POINT

砥石の面は常に平らにしておく

砥石は自分の研ぎ癖で凹んできてしまう。
そのままの状態で刃物を研ぐと、綺麗に研いでいるつもりがなかなか切れ味を取り戻せないことがある。

刃物の研ぎ方を極める

ポイントを押さえれば誰でもうまく研げるようになる！

動画でチェック！

　刃物を研ぐときに絶対に知っておかなくてはならないのは、「研ぐ場所はどこか？」ということだ。前に出てきたセカンドベベルがあるナイフはそこをピンポイントで、スカンジグラインドなどは面を研げばいい。はじめにナイフを研ぐ練習をするならスカンジグラインドが入りやすい。

ナイフもアックスも原理は同じ

ナイフもナタも、ハンドアックスもはじめは同じように研いでもいいと思う。大切なのは刃の角度と形状、そしてそれに対してしっかりと砥石の面が当たっているかだ。原理がわかればハンドアックス専用のやり方などに挑戦していくのがおすすめだ。

} ベーシックな水に浸ける砥石の研ぎ方

1

砥石を水に浸ける
砥石に記載してある時間砥石を水に浸ける。この作業をすることではじめって砥石が使えるようになる。

2

刃を正しい角度で砥石にあてる
利き手でナイフのグリップを握り角度を決め、反対の手は指でナイフの刃の部分がぶれないように添えるといい。

3

研ぎ始める
角度を保ち、ナイフを砥石の上で前後させる。刃先のほうへ出すときは軽く滑らせ、逆は刃が研げるように力を加える。砥石の幅よりナイフのほうが長い場合、刃の全体が同程度研がれるようにずらすのがポイント。

4

刃のカーブ部分を研ぐ
刃のカーブ部分を研ぐ際は、カーブに合わせて刃に指を添えて「3」同様に研ぐようにする

5
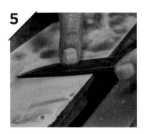

刃の両面は常に同じように研ぐ
刃の両面が均一に研げるように、常に左右同じ回数で、そして同じ力加減で研ぐことを心がけよう。最終的には、A面10回、B面10回…A面1回、B面1回と減らしていこう。

6

仕上がり具合を確かめる
研げたと思ったら、切れ味を確認してみよう。どんな刃物も完璧に研げば、腕の毛が剃れるくらいになる。確かめる目安として、トマトや紙等をスーッと切れるかがひとつの指針になる。

COLUMN

ナイフを研ぐと「かえし」が出る
ナイフを研いでいると、刃先に目に見えないくらいの反り返った部分ができる。指先で軽く触れると確認できるはずだ。これは、ナイフ両面を均等に研いでいけばなくなっていくので心配ない。

持ち物チェックリスト

プリミティブな BASIC SET

- ☑ **1** マット ※タイプはさまざまだがタープ泊はウレタン式がおすすめ
- ☐ **2** 寝袋（シュラフ）※現地の最低気温よりも暖かい物を選ぶ
- ☐ **3** シュラフカバー ※朝露や吹き込みの雨からシュラフを守ってくれる
- ☐ **4** ヘッドライト ※高照度で、照度を調節できるものがいい
- ☐ **5** モスキートネット ※タープ下で寝る際に虫除けになる蚊帳（バグメッシュとも）
- ☐ **6** クッカー（＋調味料）※「何をどう食べたいか？」に合わせて決める
- ☐ **7** 食器類 ※クッカーを食器代わりにしてもいい
- ☐ **8** ウォーターボトル ※湯たんぽにもなる高温対応のボトルも用意
- ☐ **9** カトラリー ※料理にも使える箸はあると便利
- ☐ **10** ロープ＆カラビナ類
  パラコード30m×2本/麻紐10m/綿ロープ直径6mm 2m/綿ロープ直径4mm 4m/
  ナイロンロープ 直径2mm 8m/ロック付きカラビナ ×5/キーホルダーカラビナ ×3
- ☐ **11** タープ（HILLEBERG）※3×3mのサイズが基本目安
- ☐ **12** ファーストエイドキット
  ※切り傷対応をベースに、必要な物を用意する（トイレセット込み）
- ☐ **13** 浄水器 ※直接飲むだけのものよりも、容器に入れられる物を
- ☐ **14** 防水バッグ ※使わない荷物などを全て入れると装備が濡れない
- ☐ **15** タイベックシート ※タープ下に敷いて使う防水シート
- ☐ **16** フルタングのシースナイフ ※何度も研ぎの練習ができるコスト感のもの
- ☐ **17** メタルマッチ ※持ちやすくロッドが長めのほうが、着火しやすい
- ☐ **18** 火種・ミニ剣山（100円）
  火種：白樺の樹皮/麻紐をほどいたもの/油分が多い松の木
- ☐ **19** グローブ 作業用グローブ/焚き火用グローブ

動画まとめページはこちら ▶ https://youtube.com/playlist?list=
PLpy8IM16UgsA6QFKdme2xrL_KyBCzKKL5

これがあればブッシュクラフトができるという BASIC SET を基本に、
他の2セットの必要な物をピックアップして持っていこう。

とことん自然と向き合う +FUN SET

- ☑ **1** 鎖・S字フック ※トライポットなどに使用　鎖3.5m・S字フック4個
- ☐ **2** フライパン ※枝は自分で木を差し込むタイプ
- ☐ **3** まな板と皿兼用の板 ※自分が使いやすいようにカエデの木で自作
- ☐ **4** 焚き火ロストル ※焚き火で鍋などを乗せるのに使う
- ☐ **5** ハンドアックス ※重さ、価格のバランスがいい物を
- ☐ **6** フォールディングナイフ ※調理用
- ☐ **7** ツールナイフ（ビクトリノックス）
- ☐ **8** ペンチ付きツールナイフ（レザーマン）
- ☐ **9** 片刃のナタ ※刃渡りが18cm程度あると使いやすい
- ☐ **10** 折りたたみノコギリ ※林業用など刃にカーブがあるもの
- ☐ **11** 自作シート　表がコットンで裏が防水シートでできていて、
  敷物にしたり膝をついたりするのに使用する。
- ☐ **12** キャンドルランタン ※個人的には燃焼音が出ないものを好んで使用
- ☐ **13** テント（HILLEBERG）※ポールも現地調達できるタイプを好んで使用

もしも対策と便利さ向上 +BACKUP SET

- ☑ **1** 保温保冷水筒（THERMOS）※900ml以上入り、高性能な物が何かと便利
- ☐ **2** 飯ごう ※鍋の予備・美味しい米炊きを楽しむ道具
- ☐ **3** 防水マッチ ※防水で、発火時間が長い物
- ☐ **4** ライター ※電子式は高地で使えないのでフリント式の物を使用
- ☐ **5** トーチ ※どうしても火が付かないときなどに使用
- ☐ **6** トーチの燃料 ※寒冷地でも使用可能なタイプのガスを用意
- ☐ **7** 折りたたみスコップ ※破損が少なくコンパクトなタイプ
- ☐ **8** 焚き火台 ※コンパクトで使用に十分なもの
- ☐ **9** 火バサミ ※座ったまま焚火を細かくコントロールできる
- ☐ **10** 新聞紙 ※着火用などに使用
- ☐ **11** 折りたたみの椅子 ※地べたに最も近いタイプを愛用
- ☐ **12** 剪定バサミ ※刃物の名脇役で、あると時短になる
- ☐ **13** 道具バッグとベルト　薪拾いなど森を歩く際に道具をつけたり小物を収納
- ☐ **14** ソフトクーラー ※折りたためるクーラーボックス

※メーカー名などは実際に僕が使っているものを記載しています。こちらを参考に、ぜひ自分好みの道具を見つけてください。　**143**

長谷部雅一（はせべ・まさかず）

1977年埼玉県生まれ。株式会社ビーコン代表取締役であり、アウトドアプロデューサー。2000年から2001年の世紀をまたぐ時期に丸一年をかけての世界一周の旅をする。7000メートル級の山からパタゴニアの大地、シンプルな営みの国から先進国まで、自然と人、そして文化にふれあう。現在も長期の休みを取り、世界中のさまざまな秘境へ旅にでかけている。仕事はプロジェクトの企画・コーディネート・運営のほか、研修講師、ネイチャーインタープリター場づくりの仕掛け人も務める。親子や子供向けのプログラムでは、ナイフと焚き火をメインにしたプリミティブなキャンプの方法を伝え続けている。著書に「ネイチャーエデュケーション」（ミクニ出版）、「子どもと楽しむ 外遊び」（地球丸）、「自作キャンプアイテム教本」（グラフィック社）など。

撮影　　　後藤秀二
イラスト　2g
デザイン　スタジオダンク
編集協力　渡辺有祐

ブッシュクラフト読本
自然を愉しむ基本スキルとノウハウ　動画付き改訂版

2023 年 6 月 30 日　第 1 版・第 1 刷発行

著　者　　　長谷部　雅一　（はせべ　まさかず）
発行者　　　株式会社メイツユニバーサルコンテンツ
　　　　　　代表者 大羽 孝志
　　　　　　〒102-0093 東京都千代田区平河町一丁目 1-8
印　刷　　　シナノ印刷株式会社

◎『メイツ出版』は当社の商標です。

●本書の一部、あるいは全部を無断でコピーすることは、法律で認められた場合を除き、著作権の侵害となりますので禁止します。
●定価はカバーに表示してあります。
© 長谷部雅一, フィグインク,2019,2023.ISBN978-4-7804-2789-9 C2075 Printed in Japan.

ご意見・ご感想はホームページから承っております。
ウェブサイト https://www.mates-publishing.co.jp/

編集長：堀明研斗　企画担当：堀明研斗

※本書は2019年発行の『ブッシュクラフト読本　自然を愉しむ基本スキルとノウハウ』を元に、新たに動画コンテンツの追加と装丁の変更、必要な情報の確認・更新を行い、「改訂版」として新たに発行したものです。